大人機時代
的因應對策

比維他命C還重要的
LIFE-C

CONTENTS 目錄

學經歷

國立臺灣科技大學資訊管理研究所博士

中華多元智能教育協會副理事長

中華幸福企業快樂人協會副理事長

國立臺灣科技大學兼任助理教授

國立臺灣師範大學兼任助理教授

特殊榮譽

連續7年微軟全球最有價值專家MVP

台灣學術網路 TANET 傑出貢獻人員

APEC亞太經合會 青年科學節國家代表

資訊月十大傑出資訊人才獎

旺宏科學獎 特殊貢獻指導老師獎

ZDNet名家專欄作家

LiveABC互動英文雜誌科技教育
管理TEM專欄作家

多智協STEAMagazine專欄作家

李 啟龍

推薦序

啟龍教授又要出書了，而且是出第40本書。

前些日子郭台銘董事長手持AI人工智慧書籍，在眾媒體前呼籲大家，新時代來臨應有新的思維，我腦海中第一個浮現的，就是啟龍教授。

我對他的推崇，不是僅在大家讚譽其為新時代教育的領航者，他最讓我敬佩的是他的實踐力，從他的書中我看到了他光照社會的人格特質，我也從書中看到普羅大眾受惠的啟迪。

有幸先睹《大人機時代的因應對策：比維他命C還重要的Life-C》，讀後，內心充滿了澎湃的感動力，這是一個可重塑台灣價值而且可為青年奉為圭臬的寶典。

日前，他應邀至中華人事主管協會演講，並與微軟大中華區人資長進行對話，該場演講非但座無虛席，啟龍教授被譽為該協會近三年來舉辦大型講座中聽講人數最多，最受歡迎，聽講專業層次最高的講者。

今逢新書即將出版，滿懷欣喜，特具體為文，鄭重推薦。

王孝慈

中華人力資源發展協會理事長

王 淑麗

國立臺灣師範大學附屬高級中學校長

十九世紀的工業革命,紡織業工人曾經抗議工作被機器所取代,但人類終究無法抗拒這波浪潮,來到二十一世紀的今天,人類進一步憂心工業4.0和人工智慧能夠取代的工作遠遠超過預期?本書作者李啟龍老師(Jason哥)獨家發明「大人機」的專有名詞來稱呼這個時代:「大」數據(Big Data)、「人」工智慧(Artificial Intelligence)與「機」器人(Robotics),而我們將如何來因應?Jason哥提出的處方是比維他命C還重要的Life-C。

本書為李啟龍老師以其資訊與教育的專業與經驗,提出在大人機時代,教育所應培養學生的關鍵能力為何?並以淺顯易懂、生動活潑的方式書寫,值得所有關心教育、關心人類未來的讀者們一讀。

王　麗珠

智高實業股份有限公司董事長

李啟龍博士深耕科技教育二十餘年，這本書提供了未來科技生活的想像，同時預測想成為未來世代大人物的先備知識領域。深入淺出地介紹大數據、人工智慧、機器人的特質與範例。

Life-C的五項關鍵能力，學習力、創新力、耐挫力、執行力與合作力，是一套完整的思維模式，讓孩子能與未來接軌並發展屬於自己的優勢。

未來不可知，沒有人能夠掌握未來世界的脈動。我們唯一能做的是提供孩子心態思維、知識應用及解決問題能力，讓他們可以勇敢面對各式各樣未知的挑戰。

呂 芳銘

鴻海科技集團副總裁
兼任 亞太電信公司董事長

此書深入淺出闡述「大」數據、「人」工智慧與「機」器人之關鍵資訊科技技術，及其對人類未來的影響。在「大人機」時代，年輕人及讀者如何面對快速變動的數位經濟浪潮，Jason提出Life-C對策，亦即培養學習力、創新力、耐挫力、執行力、合作力的態度、技法與能力，來幫助讀者提升面對未來的關鍵能力，落實在工作或學習中。

數位時代來臨，世界已改變，年輕人也可創新改變，透過閱讀本書，年輕人可以找到利基點、厚實關鍵資訊技術基礎，且養成國際化創新格局、正面思考並終身學習，我極力推薦！

我們在學術專研的道路上曾短暫交會，雖然師生緣分淺薄了些，看著啟龍成長茁壯得獎不斷，心中著實對這位即將出版第四十本書的附中學弟產生無比欽佩之意。

面對大人機時代的衝擊，有人因新科技帶來的便利而對未來充滿了憧憬，也有人因競爭力的滑落而對未來充滿了恐懼。

啟龍結合其科技的素養和從事教育工作的實務經驗，在書中提醒生活在大人機時代的我們應培養：學習、創新、耐挫、執行與合作等五項關鍵能力，更提供了相當多務實的思維與技法，內容已經超越了一般科普書籍的範疇而更像是在大人機時代應該人手一本的工具書及生活指南。

吳家麟

國立臺灣大學資工系網媒所特聘教授

吳裕峯

高雄市政府教育局局長

我與李啟龍博士相識於2006年，那一年我們一同前往英國倫敦參訪科技教育，學習英國政府與學校對於科技教育的重視與經營，參訪過程中，李博士展現出傑出的科技素養與教育理念，令人印象深刻。面對AI快速發展的資訊時代，我們的教育的確要更加重視關鍵能力的培養，感謝李博士編撰「大人機時代的因應對策：比維他命C還重要的Life-C」一書，書中提出面對未來的態度與培養關鍵能力的方法，相當值得我們應用到生活與學習之中。

推薦序

吳 權威

全球醍摩豆AI智慧學校聯盟理事長

很榮幸推薦李博士新書。大人機,大數據、人工智慧、機器人,是互聯網+新時代的三大特徵。李啟龍博士是教學專家,也是資訊科學家,更是產能豐富的大作家。這本書,正是李老師整合斜槓智慧的代表作,引導我們在大人時代的生存思維,以及培養新時代的適應能力,包括學習力、創新力、耐挫力、執行力和合作力等,學習人機共存能力,充分運用大人機智慧,成為更智慧的現代人。

現今時代進步神速，人工AI智慧逐漸取代人類智慧，也預測到人類的無數職業逐漸被網路、機械所取代，人類的生活方式、存在的價值，必須重新省思！

所幸，李博士這本Life-C，提出五項關鍵能力，提醒我們去思考與檢測自己，想要在現今社會，如此競爭環境脫穎而出，必須具備學習力、創新力、耐挫力、執行力、合作力這五項關鍵能力。

相信只要用心閱讀，進而去優化你的五項關鍵能力，必定會大幅提升工作效率，達到Smarter，not harder的結果！

邱彥豪

豪神國際執行長

周 子 銓

國立臺灣科技大學管理學院副院長

數據經濟與AI當道的時代，學習新知的步調似乎
永遠趕不上科技推陳出新的速度。Jason哥所提的
Life-C關鍵能力，讓你清晰的了解大人機時代的特
性。練就5項關鍵能力，不僅僅能讓你抓住大人機時
代的脈動，來勇於面對科技變化，進一步能夠幫助
你發展因應對策，優游於新科技時代的生活中。本
書精闢分析，值得大力推薦。

隨著大數據、人工智慧及機器人的應用與推展愈加普及，人們勢必得正面迎擊這波科技蛻變浪潮！

Jason在本書中提及的因應之道－Life-C五大面向的關鍵能力，不論是工作或是生活中都很適用。個人也非常認同「學習力是終身必須具備的態度與能力」這句話，以企業管理者及HR的角度來看，更是在人才選訓育用留不可或缺的軟實力，企業面臨數位科技的挑戰，如何協助企業轉型並能與科技素養相輔相成是我們必須積極重視的課題！

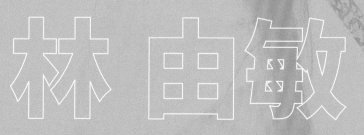

林 由 敏

中華人事主管協會 執行長

林 怡 汝

展欣眼科總院長

認識啟龍博士以來，他爽朗的笑容，交遊甚廣令人印象深刻，聰明的腦袋也讓我感到佩服不已。

醫療是相對保守但也需要創新的產業，但同時也令我有一點擔憂，未來人工智慧是不是會取代醫療人員？我們要如何因應大人機時代的來臨？如何讓自己能跟上時代的變化，而不是被淘汰？

啟龍博士提出的Life-C是很實際，且不會因為時代變化而改變，無論各行各業，或是教育下一代，人人都需要實踐的基本功。在變動的世代，掌握Life-C，就是掌握自己未來在大人機時代的方向及定位。

徐錫隆

小提琴演奏家
東吳大學音樂系副教授

人工智慧是藝術，是前所未見之藝術品，精密卻又抽象地引人欲探究竟。人工智慧的發展，等於融入人之行為並加以自動化之概念，以藝術家角度觀之，李博士此書所述之學習力、創新力、耐挫力、執行力與合作力等Life-C關鍵能力，恰符合身為藝術人所需具備之條件，建構於Life-C上之藝術素養，培植自我藝術之奧秘，似乎亦為藝術家應理解之處，因而，本書之內容不僅僅侷限於電腦、軟硬體科技類，更可從另一角度去思考藝術創作。

陳 昭珍

國立臺灣師範大學
圖書資訊學研究所
優聘教授兼教務長

「大數據、人工智慧、機器人」是近年來在教育界最常見到的三個關鍵字，人力銀行所做求才分析也證明，大數據、人工智慧確實已成為市場急需的人才，各種功能機器人也不斷出現，讓人飽受未來多數工作將被機器人取代的威脅！我們該緊張嗎？建議大家先不要窮緊張，先認識它才重要。啟龍老師這本深入淺出的「大人機的因應對策：比維他命C還重要的Life-C」，是我見過認識大數據、人工智慧、機器人最好的啟蒙書。

陳 景浪

DGE Color
國際扶輪3482地區
2020-21年總監當選人

這是一個快速變動的時代，唯一不變的就是「變」！我們需要以勇於改變的態度，面對世界的變化，尤其是資訊科技方面的快速變化，包括：大數據、人工智慧與機器人方面。大人機科技的快速進步，讓我們感到憂喜參半，喜的是新科技帶來的「便利性」，憂的是新科技帶來的「取代性」。面對未來，李啟龍博士點出了一個重要的方向，就是Life-C關鍵能力的培養，具有學習力、創新力、耐挫力、執行力與合作力，可以幫助我們面對這個不斷變動的世界。

大數據(Big Data)、人工智慧(Artificial Intelligence)及機器人(Robotics)正如火如荼的快速發展,啟龍老師透過大人機時代的來臨帶領讀者進入新時代領域,即將推翻傳統生活及學習模式的我們,必須先去理解「大人機」將帶來的衝突與改變,所謂:知己知彼、百戰百勝,要能在快速發展的生活中站穩腳步,你必須不斷的提升自己的關鍵能力。

此外更進一步提出了Life-C關鍵能力對策(學習/創新/耐挫/執行/合作),透過五大關鍵力落實在工作與學習中,才能在這紊亂的社會中強化自身實力,不被淘汰。

一本翻轉思維的書,值得你我用心閱讀!

張正岳

瑞助營造董事長

張 國 恩

國立臺灣師範大學前校長
資訊教育研究所講座教授

很高興推薦李啟龍博士的第40本書給大家，李博士是臺灣師大資訊教育研究所碩士班畢業之學生，本人為啟龍的碩士論文指導教授。記得當年在智慧型教學系統實驗室(ITS Lab)的多次學術論文討論中，李博士就展現出優異的思辨能力與創新能力，其碩士論文「網路上的合作探究學習」，獲得學術上的肯定，登上了SSCI等級的國際期刊。現在，李博士的新作，從大數據、人工智慧與機器人等科技開始探討，到提出教育層面的具體作法，相當適合學生、教師與家長們閱讀與思考。

時代不斷地轉變，未來的職場到底須要甚麼樣的能力？

經濟學人雜誌有一個研究分析報告列出了這些能力。根據這些分析結果加上對未來趨勢會有很大影響的三大科技：大數據，人工智慧，機器人。

李啟龍老師給大家寫了一本科普的書，因可讀性很高又可以學到新知識所以讀科普的書是一種享受。本書整理出未來的職場須要五種能力：學習力，創造力，耐挫力，執行力，合作力很值得推薦。

楊千
國立交通大學榮譽退休教授

推薦序

葉丙成

國立臺灣大電機系教授
BoniO 執行長
無界塾實驗教育創辦人

未來的世界，將是大數據、人工智慧、機器人技術當道的時代。在這樣的時代下，傳統以知識為主的教育思維必須有所改變，改以培育能力為主。然而，雖然許多人知道需要改變，但卻徬徨迷惘，因為大部分的人不清楚什麼樣的能力才是未來真正關鍵的能力？而這些能力又該如何養成？啟龍兄此書，針對未來「大、人、機」時代所需要的不同能力、各種智能，做了非常完整的整理。針對如何培養這些能力，也提供了十分精闢的觀點與做法。如果您對快速變遷的世界感到迷惘，這是一本值得推薦的好書。看了此書，將對未來的世界及所需要的關鍵能力，有更深刻的了解。面對未來，不再徬徨！

鄒仁淳

社團法人中華幸福企業快樂人協會理事長

Jason哥在科技教育國高中學現場的耕耘，我相信在台灣他絕對是最深入的一位老師。然而從我對Jason哥的認識，他不僅是一位老師，更是一位Life-C的最佳實踐者，從這是Jason哥第40本書就可以知道原因。無論您現在的身份與年齡是什麼，我衷心認為這本書倡導的理念肯定讓您受用無窮。

虞 孝成

國立交通大學科技管理研究所退休教授

網際網路普及讓電腦中儲存的資訊以及電腦的運算資源能夠迅速在全球溝通交流。未來5G無線高速網路涵蓋之後，萬物都具有基本的智慧，可以偵測環境，發送與接收指令，還具有分析、判斷、與決策的能力。這時候誰掌握最豐富的資訊，誰能夠在浩瀚的資料中歸納出關鍵的影響因素與發展趨勢，就能夠即時作出正確的判斷，採取有效的行動，終能獲得最佳的成果。

面對即將來臨的萬物聯網新時代，知識、智慧與影響力透過網路都能無遠弗屆，青年學子的眼光、格局與抱負都應該擴及全球。作者建議培養挑戰未來的五項關鍵能力，本人試著提出三個問題來呼應這五項關鍵能力。第一是對週遭事物充滿好奇地問為什麼(Why?)，這就是充實學習力；第二是問為什麼不能有更有效率的其他解決方案(Why Not?)，這就需要創新力；第三是問為什麼我不實踐這個解決方案(Why Not Me?)，這就需要堅決達成目標的執行力、凝聚團隊的合作力、以及鍥而不捨的耐挫力。

認識李啟龍博士差不多10年了，10年來，李博士對於教育事務總是全心投入，樂於幫助學生與家長，只要有需要李博士協助的地方，他都會盡力幫忙，李博士對於教育的用心與付出，本人相當佩服。李博士是資訊科學與教育的專家，多年來培養了許許多多優秀的學生，此次李博士的新書，就是以資訊科學出發，描述了大人機時代(BAR Era)的發展，告訴我們要擁抱與認識新科技，接著討論重要的多元智能與Life-C關鍵能力，是一本具有省思空間與行動步驟的傑出創作。

趙筱瓏

第11、12屆臺北市高中學生家長會聯合會總會長
第6屆臺北市國小學生家長會聯合會總會長

推薦序

廖 文 良

廖文良珠寶藝術總監

廖 文 達

PDG Kevin
國際扶輪3480地區
2016-17年總監

這個時代不僅是大人機的科技創新年代，世界同時也充滿詭譎多變，工作與生活因為網絡資訊的迅速傳播，甚至已經很難分辨真假！

LIFE-C是李博士透澈變局時代中，鼓勵每個人都要堅持，應該培養創新的技能與持續學習的態度，耐挫的性格、保持跟他人互動與合作的執行力，在在的印證我的堅持與實踐。

相信您借由本書的提醒，能讓您找回原有的知覺，持續向明確的目標前進。

關鍵能力影響孩子的未來發展，幫助孩子培養關鍵能力，尤其是偏鄉與弱勢的孩子，一直是扶輪社長期推動的教育服務。敝人於2016～2017年擔任國際扶輪3480地區總監，推動了偏鄉英語教學服務計畫，讓高中生擔任大學伴，運用網路科技平台，陪伴偏鄉的小學生學習英語，期盼大小學伴可以攜手共同成長。非常感謝李啟龍博士也投入此計畫，用他的教育理念與科技專長，協助偏鄉英語教學活動更加完善，李博士此次的新書，著眼於Life-C關鍵能力的培養與提升，敝人深受感動，特撰此文來推薦此書。

面對大數據、人工智慧、機器人等不斷以
科技驅動和創新的年代，我們每個人的
知識和能力一段時間就會不足，甚至落
伍；Jason在本書提出的Life-C 5項關鍵能
力，做了許多探討也精闢說明相當多務實
的思維與方法，的確是一道良方，可厚植
我們終身都需要具備的態度及能力。

劉 德泰

緯育股份有限公司台灣區總經理

推薦序

李啟龍博士是我指導博士班的畢業生,無論在創新,效率,積極,進取,學習上都給我留下深刻的印象。大人機系統是李博士這幾年研究與演講的項目,充滿知識性與啟發,讓我樂於推薦大家閱讀此書。

盧希鵬
國立臺灣科技大學資訊管理系
專任特聘教授

戴春成

新北市立明志國民中學校長

啟龍老師擔任新北市國中科技領域輔導團首席指導教授，對即將上路的108新課綱有深入的探討及獨到的見解，尤其對台灣科技教育更是貢獻良多且著作等身，這次的第四十本著作，是他第一本結合資訊科技與教育議題的研究心得，啟龍老師獨家提出Life-C對策，足見其創意與資訊專長，實在令人敬佩！真是一本值得深讀的大作，絕對會對我們在面對未來的科技教育思維與作法有所啟發！

M. H. G.
Medical Group

啟龍兄從大人機的因應對策，從用BAR縮寫的方式讓人迅速進入主題之外，也對這樣的引申開啟了新的藍圖，進而討論到未來的因應對策時，把五種未來的競爭力延伸比喻為我們生命中很重要的維他命C當作我們的活力的來源，這個比喻實在非常有趣，例如，我們常在生命中最需要的是抗體，而抗體的來源，其實就是我們最常面對到的病毒的耐受力。這與啟龍兄一再提到到的受挫力的養成不言可喻，也讓我有很深的感悟，仔細品味後可以更見未來的人生哲學。

魏 國 晏

商橋公關顧問（股）公司 董事長

羅天一

國立臺灣科技大學兼任副教授
國票金資訊長

啟龍（Jason哥）博士是我博士班同門師兄弟，自認識他以來，深覺他學養俱佳，既在科技學術上專精，又堅守教育崗位作育英才。Jason哥的這本大作，除了探討浪頭上的科技議題外，內容上又提供了深度的分析及許多務實的思維與技法。本人推薦此書，就如書中所提的「BAR Era」吧台時代-因為閱讀當下，思緒的感覺就如同品味美酒般，可讓人沉浸回味於「大」數據(Big Data)、「人」工智慧(Artificial Intelligence)與「機」器人(Robotics)所釀造出的醇香中。

蘇 偉銓

中華多元智能教育協會理事長

我和Jason哥認識10幾年了,第一次拜訪後我就對這人很好奇−他若不是一天超過24小時,就是在時間分配管理有過人之處。因為他雖隨和、正向、永遠充滿笑容,但自我要求一定嚴格。

因為都有家庭與孩子,又同在教育產業工作,我們很快就成為好朋友,時常交換對台灣科技教育的看法,更常討論育兒經驗。小禮兵Ryan是Jason哥的大兒子,3歲時因為喜歡跟著三軍儀隊操槍,4歲半就受邀在元旦升旗典禮和三軍儀隊一起表演。

我自己的孩子也經歷過3-4歲這個階段。我常反思,身為父母如何在孩子這麼小的年紀就能看見他的潛能、引發他的興趣,更重要的是引導孩子持續練習。舉例來說:我喜歡鋼琴,不代表我可以持續不斷練琴。學習過程中一定會遭遇挫折,這時父母的角色就很重要。

Jason哥教養Ryan,並不是要他和誰PK操槍,他認為孩子的成長應該是多元的。上了國小的Ryan喜歡打擊樂、也獲得爸爸支持,今年4月獲得亞太盃國際爵士鼓音樂大賽第一名。這樣開放的教養態度和成果讓我很佩服。

Jason哥是多元智能的信仰者,他不只提出理論,更提出落實在生活中的對策,主張要讓孩子找到擅長的智能、用自己喜歡的方式來學習,才能真正發揮天賦潛能,他的倡議讓自己孩子與不少學生受益良多。

如今Jason哥觀察大數據、人工智慧、機器人等趨勢脈動,提出Life-C五大關鍵因應能力和具體培育方式,他的演說和寫作內容都相當紮實、極具啟發性,我認為Life-C不僅有益孩子,家長們深入了解後也會有相當豐富的收穫。

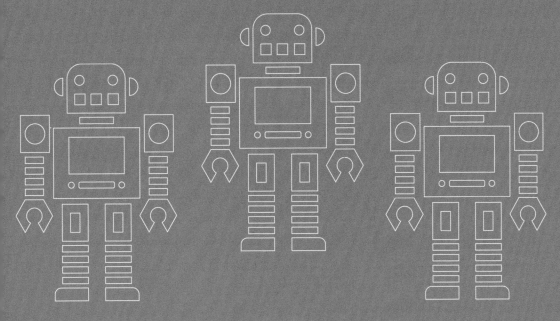

PART 1

大人機時代

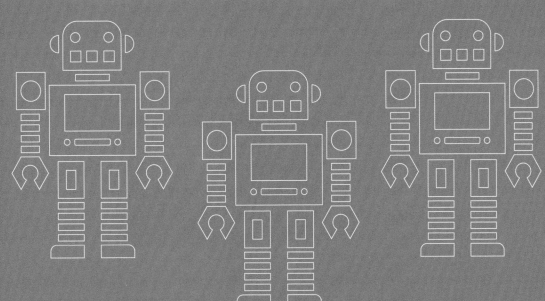

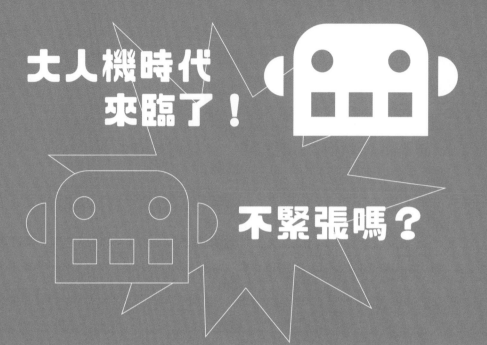

大人機時代來臨了！

不緊張嗎？

什麼是大人機時代？

大人機是三大關鍵資訊科技技術的縮寫，包括：大數據（Big Data）、人工智慧（Artificial Intelligence）與機器人（Robot）。這三項重要的資訊科技正快速全面地發展，同時整合軟體與硬體，影響人類的未來。因此，Jason哥將每個科技名詞的首字合在一起，將現下稱為「大人機時代」，如果將每個科技名詞的英文第一個字母合在一起，就成為「BAR Era」啦！

BAR不就是酒吧嗎？

是的，我們未來要有與大數據、人工智慧與機器人共飲共舞的想法與作法喔。

在大人機時代，我們強調的是能夠「解讀數據、聯手AI與運用機器」的能力，我們現在就先來談談這三個關鍵資訊科技技術。

Jason哥在BAR，接受台北台風扶輪社
邀約演講「大人機時代」

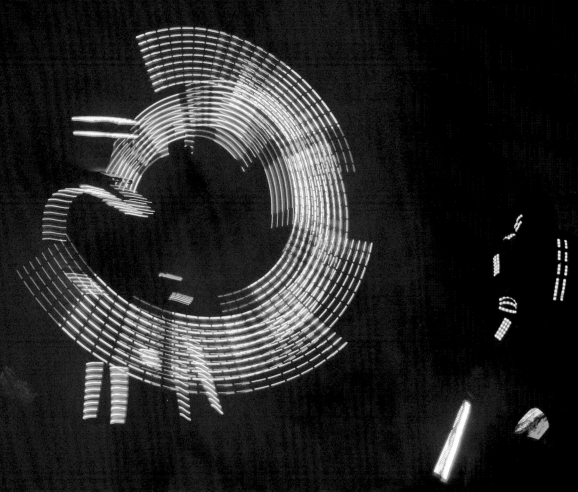

我們未來要有與大數據、
人工智慧與機器人共飲共舞
的想法與作法

CHAPTER 1

無所不在的
大數據

請問您有多少裝置可以每天、每小時、每分鐘,甚至是每秒鐘會產生數據(Data)?

只要是具有感測器(Sensor)、可以連接網路的裝置,每分每秒都可以產生數據。

比方說,Jason哥有支智慧健康手錶,無時無刻都會幫我記錄步行步數、心律或睡眠時間,然後將數據資料上傳到雲端(Cloud)。如果只有我一個人使用智慧健康手錶,這樣的數據只是個人數據;如果有1,000萬人使用智慧健康手錶,這個數據就非常龐大,進而可從中分析出許多有價值的資訊,比方說,一個城市居民每天的平均步行量,觀察其變化趨勢,可以當作國民健康的重要指數。

大數據一詞最早見於2008年9月Nature雜誌專刊封面。2011年6月麥肯錫全球研究院發佈專文"Big data: The next frontier for innovation, competition, and productivity",指出大數據是創新、競爭與生產力的全新疆界,此後大數據一詞就不斷在我們耳邊出現。

2008年9月,Nature雜誌專刊封面

大數據是人類社會資訊化和行動化之後的必然趨勢,由於各種會產生數據資料的資訊裝置普及,包括智慧型手機、智慧健康手錶、平板電腦...等,再加上物聯網IOT(Internet of Things)應用的接續到來,許許多多的感測器被工業與家庭採用,因此數據資料量大幅增加,因此形成了一股數據巨流。

大數據的特徵主要包括資料量大(Volume)、多樣性高(Variety)和即時性高(Velocity),再加上真實性(Veracity)與價值(Value)兩個限制條件,形成所謂的「大數據5V特徵」。

科技飛速進展、數位裝置普及,使我們每分每秒都在產生數據,如何運用大數據歸納出正確的因果關係,並達成準確預測,成為資料科學家的重要任務

BIG
DATA

THE NEXT FRONTIER FOR INNOVATION, COMPETITION, AND PRODUCTIVITY.

大數據特徵1：資料量大 (Volume)

3.
國際電工委員會IEC
(International
Electrotechnical
Commission) 在1960
年訂立電腦計量單位與
換算標準，由於人們已
經習慣以十進位進行工
業單位的換算 – Kilo,
Mega, Giga各單位的差
距為1,000倍，也就是10^3
倍。但電腦只能讀取二
進位數字，所以IEC取最
近似的二進位整數1,024
，也就是2^{10}，作為單位轉
換的依據。

真實世界無時無刻都在產生大量的資料，這些資料大多是類比 (Analog) 的訊息，需要經過資料型態轉換成為數位 (Digital) 的資料 (Analog to Digital，簡稱ADC)，才能儲存起來讓電腦系統加以應用。

我們知道一首MP3音樂檔，其大小大概5～8MB (MegaByte)，一張JPG照片檔的大小多低於10MB，所以一顆500GB (GigaByte) 的硬碟，已可滿足一般人的使用需求，附表為數據資料的計量單位[3]。

到底多大的資料量，可以稱為大數據？一般而言，最寬鬆的定義是至少數個TB (TeraByte) 等級以上的資料量，有時資料量還會到達PB (PetaByte) 等級。我們知道有許多的科學研究，會產生大量的資料，例如有學者進行的醫療大數據研究，針對1500人的基因進行解碼，就會產生500TB的資料量。

全名	縮寫	以2的次方表示	以10的次方表示
Kilobyte	KB	2^{10}	10^3
Megabyte	MB	2^{20}	10^6
Gigabyte	GB	2^{30}	10^9
Terabyte	TB	2^{40}	10^{12}
Petabyte	PB	2^{50}	10^{15}
Exabyte	EB	2^{60}	10^{18}
Zettabyte	ZB	2^{70}	10^{21}
Yottabyte	YB	2^{80}	10^{24}

現代人常使用的社群媒體，其資料量產生的速度更是驚人，根據西元2018年的統計資料（如附圖），人類每60秒送出超過187,000,000封電子郵件，產生超過3,700,000筆的Google搜尋，觀賞超過43,000,000支YouTube影片，會登入臉書973,000次，發出481,000則tweets。

2018年每60秒
各大平台所產生的資料量

f
973,000
Logins

NETFLIX
266,000
Hours Watched

Google
3.7 Millions
Search Queries

18 Millions
Text Messges

You Tube
4.3 Million
Video Viewed

$862,823
Spent Online

375,000
Apps Download

2.4 Millions
Snaps Created

60
Seconds

174,000
Scrolling

25,000 GIFs
Semt via
Messenger

481,000
Tweets Sent

3.8 Million
Messages

amazon echo
67 Voice-First
Devices
Shipped

187 Million
Email Sent

tinder
1.1 Million
Swipes

twitch
936,073
Views

大數據特徵2：多樣性高(Variety)

大數據資料需要經過分析才能呈現價值，而資料類型可能有文字、圖片、聲音、影像...等種類眾多的多元格式。不同類型的資料格式，適用的分析技術不盡相同。

今天早上Jason哥出門搭捷運上班，從一出門開始，我的影像就已經被巷口的監視器拍到，在捷運站使用記名的悠遊卡通過閘門，留下了消費數據資料，下了捷運走在路上，我與辦公室同仁用電話討論工作，告訴他我再10分鐘就到公司，路旁剛好有人在拍照，讓我不小心成為背景。

從Jason哥出門上班這件事，至少有4種資料類型，記錄了我的上班資訊，包括：巷口監視器（影像資料）、捷運閘門（數字資料）、通話內容（聲音資料）以及不小心入鏡的照片（圖片資料），資料來源來自各個面向，具有高度多樣性。

大數據時代的資料類型多元，從各種類型的資料中分析出一致結果，提升資料分析的有效性，是一件相當重要的工作。如果多樣資料彙整在一起分析時，出現不一致的結果，出現資料品質的問題，那會給資料分析者帶來很大的困擾。

大數據特徵3：即時性高(Velocity)

我們知道時間是連續的，每分每秒都不會重複，資料會隨著時間的進行不斷產生，過時資料就變成歷史資料，即時資料具有高度的應用價值。

俗話說「民意如流水，東漂西流無常軌，民意如月亮，初一十五不一樣」，傳統的電話民意調查，大多需要5到7天的時間，樣本數約千筆左右，以傳統的電話民調調查社會議題民意，常常會在調查過程中，遇到新事件出現，讓民意調查產生偏差。

大數據時代透過各種數據資料收集裝置，例如：網站的點擊與搜尋行為、手機APP的使用、PM2.5感測器、水庫的水位感測器...等，使得資料的產生與收集速度加快，因此即時資料的處理需求迅速變大，畢竟許多服務或商機都需要透過「即時」達成。

人活著無時無刻都需要呼吸，我們需要瞭解「即時」的空氣品質狀況，畢竟「歷史」的空氣品質資料，對於一般大眾的意義不大。行政院環境保護署在各地設置了感測器，包括：O3、PM2.5、PM10…等，建置空氣品質監測網，「即時」收集各個數值，並且透過公式計算出「AQI空氣品質指標」，提供大眾生活參考。

「行政院環境保護署空氣品質監測網」
提供即時數據

Google地圖的路線規劃會顯示即時車流情況

Google地圖導航是另一個常見的即時數據處理應用，當我們使用Google地圖進行路線規劃時，雲端系統會依據即時車流狀況，規劃多條路線供使用者選擇，每條路線有距離與當時車流狀況下預估的行車時間，並且會以不同的顏色來標示車流壅塞情形，藍色代表「一路順暢」，黃色代表「有點塞車」，紅色代表「非常塞車」，車子走到哪一個路段會塞車，使用者可以看得一清二楚。

Google並沒有獲准於各路段裝設測速裝置，為何Google地圖會知道即時車流狀況呢？

Google自2009年開始收集用路人的智慧型手機GPS（Global Positioning System）訊號，得到用路人的位置與速度。Google收集了每個路段的數據資料後，去除少量的行車速度極端值（就是超速車與龜速車），把大量的中間行車數值予以平均，就得到即時行車路況啦！

當然，這些GPS資料的提供，Google都會詢問我們是否授權，如果同意授權，我們就為Google地圖的即時大數據分析盡了一份心力。

大數據特徵4：真實性 (Veracity)

當每個人都可以透過社群媒體，如：臉書、IG、推特、微博…等，發表自己的看法，具備媒體的角色與功能，於是形成了現代社會的自媒體(self-media)現象，自媒體現象形成之後，人人都能成為媒體，訊息的真實性顯得更加重要。

我們知道「非真實資料」有兩種情形會發生，一種是「有意製造的」，另一種則是「無意產生的」。有意製造的非真實資料，通常是因為特殊目的而故意製造產生，例如：顧客填寫會員資料表時，可能因為想要保護自己的部分隱私，在某些欄位故意填寫非真實資料；而無意的

非真實資料，可能是收集資料時的雜訊(noise)所造成，例如：某些感應器故障造成的數值錯誤，雜訊的產生難以避免，良好的大數據分析系統會過濾掉這些雜訊，採用真實的資料來進行分析。

在大數據時代，如果資料來源不真實時，獲得的結果通常也會有問題，也就是所謂的「垃圾進，垃圾出」現象，因此，我們會將真實性視為大數據的限制條件特徵，所有數據資料的產生，一定要以真實性為基礎。

大數據特徵5：價值 (Value)

大數據的應用越來越普遍，透過大數據的技術，資料科學家可以從大量、多元且快速變動的資料中，找出基於事實的有價值應用，用於解決人類或是企業的問題。舉例來說，美國洛杉磯警方與加州大學洛杉磯分校合作，建立預防犯罪系統PredPol，分析了上千萬起犯罪案件，找出犯罪熱點區塊、預測可能發生犯罪行為的時間與地點，隨後警方加強熱點區塊的巡邏，成功地讓犯罪率下降了36個百分點。

洛杉磯警方與加州大學洛杉磯分校合作的預防犯罪系統PredPol網站，以犯罪型態、犯罪地點、犯罪時間為分析基礎，網站強調所有分析應用不涉及個資。www.predpol.com

商業應用方面，全球最大影音串流平台Netflix在全球擁有超過1.25億名會員，平均每日被觀看1.4億小時的影片量，如此大量的數據資料被平台妥善運用，深入分析會員的喜愛、發展個人化推薦系統，造就了會員們有75%的觀看選擇是從系統推薦而來的，Netflix可能比你自己還瞭解你喜歡看什麼片子！另外，Netflix也巧妙運用系統收集過來的大數據資料，從中分析觀眾們喜愛的影片類型與拍攝手法，並進而發展大受歡迎的Netflix原創影集，為公司創造更大的價值與利基。

全球最大影音串流平台Netflix

基於事實、並能夠產生價值的大數據應用，才是有意義的大數據分析！我們以一張圖來表示大數據的特徵。

基於事實、並能夠產生價值的大數據應用，才是有意義的大數據分析！

我們以一張圖來表示大數據的特徵。

5V特徵示意圖

CHAPTER 2

AI人工智慧

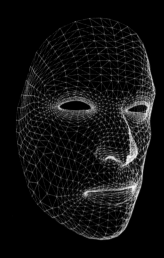

人工智慧AI
(Artificial Intelligence)
這個名詞誕生於1956年於
美國達特茅斯學院的國際計算機
會議上，近年來因為大數據的
推波助瀾，人工智慧領域
（語言翻譯、語音辨識、影像識別、
機器學習等）得到很大的進展，
到底什麼是人工智慧呢？

人工智慧的演進

人工智慧是計算機科學領域的範疇，AI的目標是讓電腦具備和人類一樣的思考能力，從1940年代起就出現相關研究。我們知道電腦的運算速度、精確性與持續性，遠遠超過人類，電腦系統可以完成許多人類難以進行的大量準確計算，比如：統計一本著作中，某些關鍵字的出現次數，透過電腦的搜尋比對計算，可以很容易達成。

對於需要「智慧」的工作，電腦發展就沒有那麼順利。著名的圖靈測試 (Turing test) 誕生於1950年代，此測試是由一位測試員 (代號C)，對另一端的一台機器 (代號A) 與一個人 (代號B) 自由對話，如果測試員無法分辨A、B何者是機器，該機器就通過圖靈測試，示意圖如下所示。

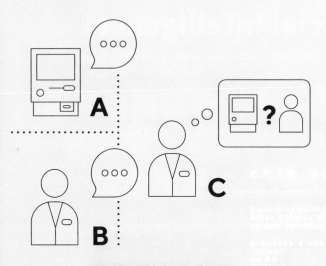

圖靈測試示意圖

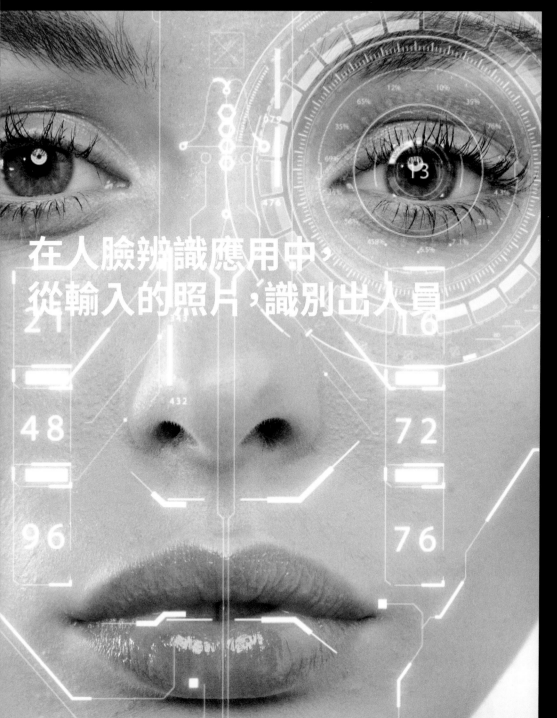

在人臉辨識應用中，
從輸入的照片，識別出人員

圖靈測試的科學性雖然受到一些質疑，但卻是過去幾十年來，用來測試電腦的「人工智慧」之重要參考標準。

美國科學家約翰瑟爾（John Searle）提出了強人工智慧（Strong AI）和弱人工智慧（Weak AI）的分類看法，後來也有許多人以此來做區別，所謂的強人工智慧電腦是指電腦能擁有意識、情感、知覺或社交行為等人類的特徵；而弱人工智慧電腦是指電腦只能模擬人類的思維表現，而不是真正懂得人類的智慧與思考，電腦的回應是不具意識的。

人機對奕應用中，從對手的落子，依據盤勢狀況預測出某個落子的勝率

這些年來人工智慧發展大多應用於解決特定領域的問題，但人類生活面臨的綜合性問題，以電腦目前的AI程度要解決尚有一段距離，比方說辨識道路路線這件事情，對於多數的人類不會有問題，即使面對各種柏油、碎石或泥土等不同材質的路面，多數人還是能看出路線在哪，但這樣簡單直觀的判斷對電腦來說卻相當不容易，需要進行相當多的運算才能識別。

人工智慧的研究領域非常廣，含括：影像識別、自然語言處理、語音辨識、人機對奕、機器學習、醫學領域、機器人學…等，幾乎可以想像得到的應用，背後都有人工智慧的相關研究在進行。

以應用的角度來說，人工智慧的核心能力，就是依據給定的輸入資料，做出判斷或預測。

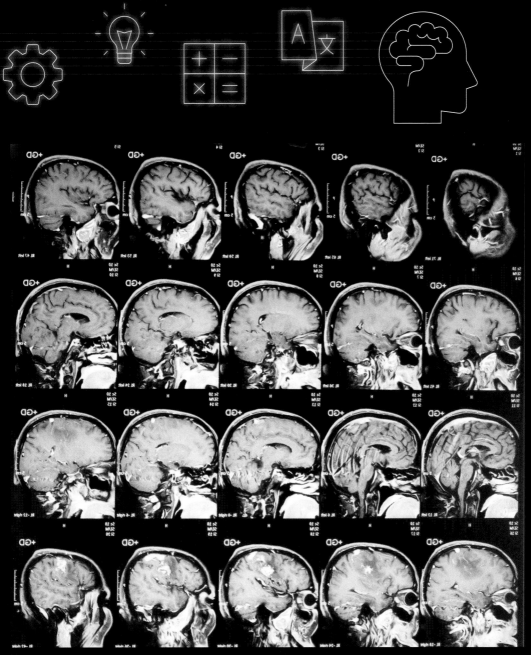

在醫學診斷應用中，從輸入的X光片資料，識別出疾病的微小徵兆

電腦圍棋 AlphaGo

1.
 Ellis Horowitz, Sartaj Sahni, Dinesh Mehta (1975). *Fundamentals of Data Structures in C++*. Silicon Pr

人類與電腦下棋（人機對奕），一直是人類發展人工智慧技術時積極投入的領域，棋盤複雜度較低的棋奕競賽，如：黑白棋、五子棋…等，電腦演算法（Algorithm）經過幾年發展後，可以贏過人類專家。

我們知道電腦運算都是依照設定的程式規則進行，這個規則稱為演算法，在此引用Horowitz、Sahni和Mehta在 *Fundamental of Data Structures in C++* 一書對「演算法」的定義：演算法為解決某一問題或完成特定工作，一系列有次序且明確的指令集合[1]。所有的演算法都包含以下5個特性：

輸入(Input)	演算法在運算前，需有零個或多個輸入資料。
輸出(Output)	演算法的目的就是產生結果，至少需有一個或多個輸出結果。
明確性(Definiteness)	每個步驟都必須明確清楚，不可存在模稜兩可的情況。
有限性(Finiteness)	演算法一定要在有限步驟內完成，不能無限期執行。
有效 (Effectiveness)	演算法所描述的執行過程，每個命令都必須為可行的步驟。

圍棋是種策略性棋類對奕遊戲，英文簡稱Go，被視為是人機對奕中複雜度最高的競賽。對弈雙方各自選擇黑色或白色的棋子，在19x19的棋盤網格交叉點上，輪流放置黑子或白子，對奕過程進行圍地吃子，最後以所圍出「地」的大小判斷勝負。

因為圍棋的棋盤大、下法千變萬化、局勢狀況複雜，電腦AI的功力，始終無法超越人類的圍棋冠軍，圍棋可說是人類最複雜的對奕遊戲。但在2016年3月的Google DeepMind AlphaGo與南韓職業9段棋士李世乭的世紀之戰，局勢產生了改變－AlphaGo以4比1擊敗了韓國棋王李世乭！

2016年3月的AlphaGo(黃士傑博士執子)與韓國棋王李世乭的對弈
攝影 Lee Jin-man | 美聯社 (達志影像)

此戰掀起了全世界對於AI的熱烈探討,並認為人工智慧科技的發展,未來將讓許多人失去工作,此版本的AlphaGo後來稱為AlphaGo Lee(第1代),以與其他版本的AlphaGo區別。

2016年7月在世界圍棋排名網站GoRating.org,AlphaGo成為世界第一。隨後在2016年底到隔年1月初,網路圍棋圈出現了一個帳號名為「Master」的棋手,對弈世界各國高手戰無不勝,以60比0完勝各國棋王。戰後,Master在討論區留下:「我是AlphaGo的黃博士」,便瀟灑離去。

這個版本的AlphaGo為AlphaGo Master(第2代)程式!這位黃博士本名黃士傑,他是臺灣師範大學的資訊工程博士,博士論文為《應用於電腦圍棋之蒙地卡羅樹搜尋法的新啟發式演算法》,黃博士是AlphaGo團隊的首席重要推手。

不過,人類沒有讓AlphaGo在排行榜上待太久。2017年2月公布的世界圍棋排名,排除包括AlphaGo的所有人工智慧圍棋程式,人類成功重返世界第一!Jason哥覺得人類應變能力也是蠻快的,總不能讓人工智慧圍棋程式永久佔據世界第一的寶座啊。

Rank	Name	♂♀	Flag	Elo
1	Google DeepMind AlphaGo		🇬🇧	3612
2	Ke Jie	♂		3608
3	Park Junghwan	♂		3589
4	Lee Sedol	♂		3557
5	Iyama Yuta	♂	●	3532
6	Mi Yuting	♂		3529
7	Kim Jiseok	♂		3515
8	Lian Xiao	♂		3515
9	Shi Yue	♂		3509
10	Chen Yaoye	♂		3497

2016年7月GoRating.org網站的圍棋排名,
AlphaGo當時剛登上世界第一寶座

2017年5月，中國棋王柯潔與AlphaGo Master（黃士傑博士執子）對奕
攝影 WU HONG｜歐新社

2.
Mastering the game
of Go without human
knowledge. *Nature*.
2017-10-19.

AlphaGo Master程式在2017年5月與年輕的中國棋王柯潔對奕，地點是在中國烏鎮，這場對奕當然也吸引全球高度關注。柯潔是當時全球排名最高的棋王，但在3場戰役中，AlphaGo Master以3比0獲得全勝。

AlphaGo Master已經打遍天下無敵手，對戰人類毫無敗績，沒想到AlphaGo Zero（第3代）竟完全不使用人類棋譜，轉而運用機器學習自行對戰、調整與優化AI神經網路程式，棋藝卻更加強大！

根據Google公布的資料示，AlphaGo Zero對戰AlphaGo Lee的成績是100比0，AlphaGo Zero對戰AlphaGo Master的成績是89比11[2]。

人類對戰AlphaGo M已是一勝難求，遇上實力更強的AlphaGo Zero，戰勝機率可說是更加渺茫。

電腦圍棋AlphaGo帶給人類相當大的省思，讓我們再次瞭解到在特定領域應用，人工智慧的發展已經可以超越最強的人類，一旦這些特定領域越來越多，就可能會對人類的工作帶來巨

機器學習

早期的人工智慧發展以判斷規則為基礎，就是在蒐集許多專家的知識之後，組成專家系統(Expert System)來判斷與預測問題。此類型的AI應用在1980年代廣為流行，初期也獲得良好的成果，但最終因為：

- 在複雜情境建立規則需要花費大量的資源
- 仍有許多的狀況難以用規則來定義

導致專家系統的發展不如預期。

近期，最受重視的人工智慧方法是透過機器學習(Machine Learning)的方式，來獲得判斷和預測的能力。機器學習大約從1980年代開始發展，其作法就是希望讓電腦像人類一樣，具有學習的能力，能夠進行規則之外的判斷。

要讓電腦具備學習能力，需要獲取大量的資料數據，透過演算法分析資料以建立模型(Model)。電腦透過模型學習，再以此模型判斷與預測之後輸入的結果，簡單的說就是讓電腦從大量資料中自行學會判斷技能。

機器學習流程

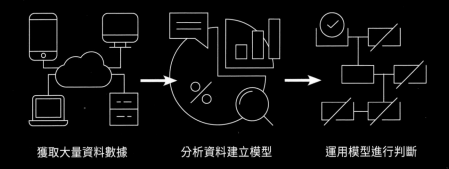

獲取大量資料數據　　　　分析資料建立模型　　　　運用模型進行判斷

比方說，要讓電腦判別收到的電子郵件是否為垃圾郵件，需要讓電腦從大量的電子郵件中，分析擷取垃圾郵件的特徵(Features)，這些垃圾郵件的特徵可能是：

- 匿名寄件者
- 郵件寄給多個相似的收件人地址
- 郵件內容包含廣告商品的關鍵字

電腦依照這些特徵建立判斷電子郵件類型的模型(分類器)，之後收到新的電子郵件時，就可以運用模型進行判斷與預測了。這個分析垃圾郵件特徵的規則，是由電腦自行由大量資料中訓練學習而產生模型，這就是機器學習的作法。

一般而言，機器學習有4種學習類別，包括：監督式學習（Supervised Learning）、非監督式學習（Unsupervised Learning）、半監督式學習（Semi-Supervised Learning）及強化學習（Reinforcement Learning）。

1. 監督式學習（有標籤的訓練學習）

在監督式機器學習的過程中，告訴電腦每個訓練資料（Training Set）的標準答案，也就是在資料上加入正確標籤（Labels），例如：要讓電腦辨識垃圾郵件，要在訓練學習的郵件資料中，加上符合垃圾郵件特徵的標籤，再把包含垃圾郵件與正常郵件的資料交給電腦分類學習，讓電腦在有標準答案的訓練資料下，建立垃圾郵件的模型，之後電腦就能判斷新的電子郵件是否為垃圾郵件了。

以下再舉一個監督式學習的例子，我們希望運用人工智慧得到鑽石的預測價格，而影響鑽石的價格特徵主要來自於重量與等級，我們先收集一批鑽石價格的數據（訓練資料），標註其重量、等級與價格等特徵，如表所示：

表中的每一行代表一個訓練資料樣本，每個樣本包含了輸入資料（重量與等級）標籤和輸出資料（價格）標籤，當樣本數越多的時候，該機器學習的公式就會越正確。

在訓練過程中，我們可以測試不同的預測公式，並且透過預測價格與真實價格的差異進行反饋，優化整個預測模型，當未來拿到一顆璀璨的鑽石，只要輸入其重量與等級到我們的模型中，就可以預測其價格了。

重量 （克拉）	等級	價格 （萬）
1.5	1	50.8
1.6	2	30.6
2.9	1	150
0.8	2	16
3.1	3	20.8

讓電腦進行監督式學習以預測鑽石價格，
首先要將樣本中影響價格的特徵一一標示出來

透過非監督式學習，
電腦可比對大量醫學
資料、找出集群特徵
或關聯規則，以利專業
人員進行後續分析

2. 非監督式學習
(沒有標籤的訓練學習)

在非監督式機器學習中，訓練的資料沒有標準答案，不需要在資料上先加入正確的「標籤」。所有的分類規則必須由電腦自行蒐尋輸入資料，進而歸納出潛在的特徵模型，例如：給電腦10000封電子郵件，其中有垃圾郵件與正常郵件，讓電腦自行摸索出垃圾郵件的特徵。

一般而言，非監督式學習沒有標籤，所以學習過程較長且效率會較差，就像是2位學生在學習時，第1位的練習有標準答案，第2位的練習沒有標準答案。那麼有標準答案的練習者，當然在考試時會有比較好的表現。

雖然，非監督式學習的學習效率不如監督式學習，但非監督式學習在某些標籤難以標注的狀況下，可以用來探索資料並嘗試找出其集群特徵或關聯規則特徵，比如：大量的醫療影像資料難以請醫生進行逐筆標注，而且醫療影像非常複雜，但可以透過非監督式學習來獲得集群或關連規則。

3. 半監督式學習
(少部分有標籤的訓練學習)

機器學習需要大量的資料，這也是大數據浪潮來臨之後，讓人工智慧AI大幅進展的重要原因。

在實際應用中，要將大量資料全部加上標籤相當耗費時間與資源，大多數的資料狀況是，少部分資料有標籤，大部分資料沒有標籤，這時我們會使用半監督式學習的方式來進行。

半監督式學習先使用標籤過的少部分資料，找出其分類模式；再使用大部分未標籤的資料，調整優化其資料的集群。此學習方式可以降低標註資料的成本，又可以達成一定的機器學習效率。

AI人工智慧

4. 強化學習

某些應用情境需要根據狀況隨時調整策略，就需要使用強化學習的機器學習方式，例如：電腦下棋時需要依據對手的落子不斷調整策略，這種會隨時根據新進來的資料，逐步調整修正，以獲得最大效益的學習方式稱為強化學習。

安德雷·安德耶維齊·馬可夫 (Андрей Андреевич Марков，1856 - 1922) 他的主要研究領域在機率和統計方面，並開創了「隨機過程」這個新的領域

在強化學習應用中常用到一個經典的理論馬可夫決策過程MDP (Markov Decision Processes)：

- 在過程中電腦會進行一系列的動作
- 進行每一個動作後，環境都會產生變化
- 如果產生的變化有利於達成目標，會得到一個正向反饋（Positive Reward）；反之會得到一個負向反饋（Negative Reward）。無需考慮之前的環境狀態。

依循這樣的過程，電腦的強化學習從初始策略開始，不需大量輸入與預測樣本，而是在學習過程透過策略行動與環境互動，不斷獲得正向反饋或負向反饋，並根據反饋調整策略、持續行動、強化學習。

在強化學習的概念模型中，有兩個主要的角色，一個是代理（Agent），一個是環境（Environment）。

代理是指具有控制權可以掌握的部分，環境是指無法依照規則改變的部分。代理會採取期望獲得最大正向獎勵的行動（Action），行動會影響到環境，環境進行反饋（正向或負向）並伴隨狀態（State）的變化，其示意圖如圖所示。

強化學習並沒有給予電腦標籤資料，電腦會依據反饋的好壞，自行逐步修正，最終得到期待的結果。

強化學習
概念模型

狀態　　　　反饋　　　　行動

代理

環境

深度學習

人工智慧相關研究從1940年代開始發展，之後機器學習於1980年代帶起風潮，2010年之後，深度學習（Deep Learning）的相關研究獲得長足進展。三者之間的關係可以用一張圖來說明，深度學習是機器學習的一個部分，而機器學習是人工智慧的一個部分。

人工智慧、機器學習
與深度學習的發展與關係

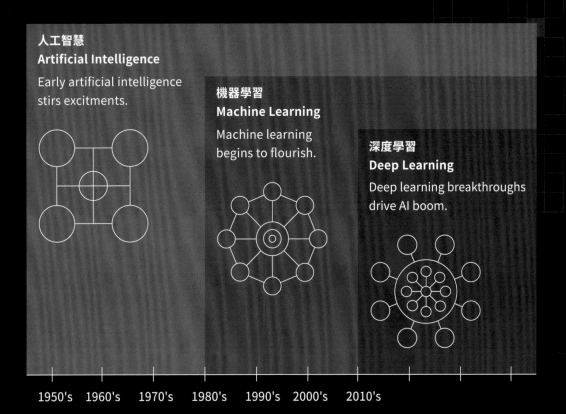

人工智慧
Artificial Intelligence

Early artificial intelligence stirs excitments.

機器學習
Machine Learning

Machine learning begins to flourish.

深度學習
Deep Learning

Deep learning breakthroughs drive AI boom.

1950's　1960's　1970's　1980's　1990's　2000's　2010's

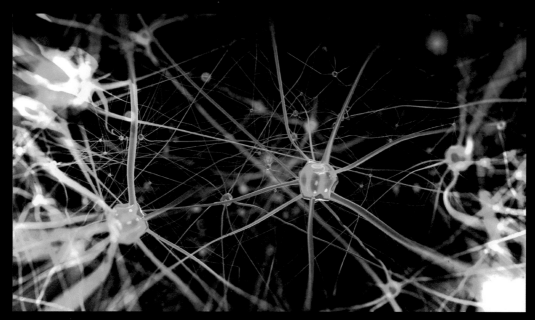

神經元細胞與結構示意圖

人腦中的神經元（Neuron，又名神經細胞）約有860億個，神經元能感知環境的變化，再將信息傳遞給其它神經元，最後做出相關的回饋或反應。各個神經元之間是以突觸的形式連接，形成神經元網路。神經元按照傳輸方向及功能可以分為三種，包括：感覺神經元、運動神經元及聯絡神經元，不同功能或區域的神經元外型會有所差異。

透過多層處理，電腦能將大量訊號漸漸轉為有用的資訊，用以解決所設定的問題。下圖為深度學習示意圖，其架構可分為輸入層（Input Layer）、隱藏層（Hidden Layers）與輸出層（Output Layer）。

深度學習特徵在於有許多隱藏層的計算，這些運算會使用大量的矩陣運算，現在的深度學習效果越來越好，是因

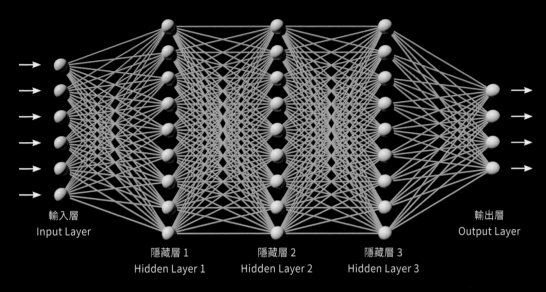

輸入層
Input Layer

隱藏層 1　　　　　　隱藏層 2　　　　　　隱藏層 3
Hidden Layer 1　　　Hidden Layer 2　　　Hidden Layer 3

輸出層
Output Layer

深度學習示意圖

早期我們要從照片裡辨識貓咪,需要在程式中描述許多貓咪的特徵,比方說尖眼睛、尖耳朵、長鬍子…等。但電腦依據這些特徵值進行辨識的時候,會發生有許多照片無法成功辨識的情況,例如:出現圓眼睛的喜馬拉雅貓,程式可能就無法辨識出該照片是貓。

現在我們透過深度學習演算法,讓程式經由數層神經網路分析資料,自行學習找出「特徵值」。例如要分析的樣本是照片,電腦會把資料拆解到最小的單位—像素,再計算像素與像素之間的線段關係,接著分析線段之間的輪廓關係,最後從中找出貓的特徵,據此來判斷其它照片是否為貓。

圓眼睛的喜馬拉雅貓

深度學習的應用最早興起於影像識別,大幅提昇影像識別的正確度。相關技術隨後快速推廣到多個領域,包括:語音辨識、自然語言處理、醫學診斷、人機對奕…等,都有相當好的成效,電腦圍棋AlphaGo的價值網路與走棋網路,就是透過深度學習實現的。

CHAPTER 3

機器人大軍來臨

大數據的計算與人工智慧的處理，
基礎都是程式與演算法，
都屬於軟體（Software）的部分，
上述兩者對產業的衝擊很大，
改變許多傳統作業方式，造成
許多工作消失。

機器人自動化全面來襲，
更讓實際的硬體（Hardware）
進入各個產業，三者加乘作用
所帶來的衝擊相當巨大。
未來10年內，至少有50%的工作
會受到影響，輕則改變工作
進行方式，重則該項職業會消失。

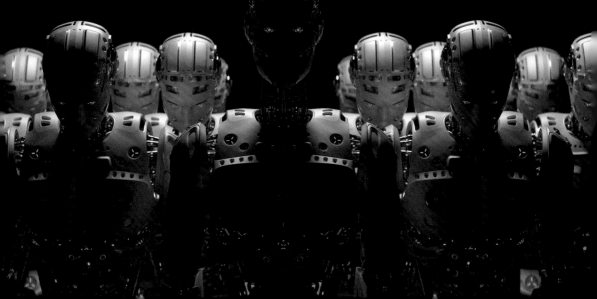

工業4.0浪潮

人類歷史上有四次的工業革命，第一次是機械化與蒸氣機等動力源的發明，取代了人力與獸力，第二次是使用電力來提供組裝線大量生產所需的動力，第三次是使用電腦與電子產品來增進工業製造的精準與自動化，以及現在正在發生的第四次工業革命，整合了智慧型感控系統的高度自動化系統。

人類史上四次工業革命

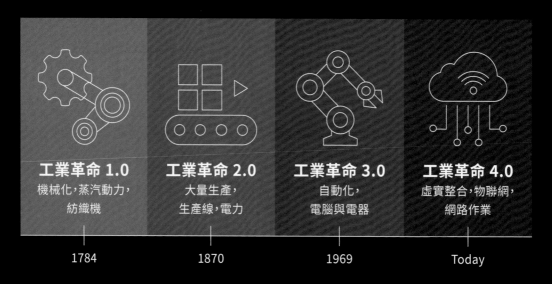

工業革命 1.0	工業革命 2.0	工業革命 3.0	工業革命 4.0
機械化,蒸汽動力, 紡織機	大量生產, 生產線,電力	自動化, 電腦與電器	虛實整合,物聯網, 網路作業
1784	1870	1969	Today

德國在2011年的漢諾瓦工業博覽會提出工業4.0 (Industry 4.0) 一詞，就是指會大量運用機器人自動化、物聯網 (Internet Of Things)、大數據、3D列印與企業資源規劃 (ERP) …等技術，上述技術能有效縮短溝通和作業時間，更精準地評估與運用資源，所以可大幅提升工業製造之生產力與品質。短短數年間，世界許多國家都開始進行各類型的智慧製造。

在這一波工業4.0的浪潮之下,美國的製造業也開始「回流」。回流廠商大量採用智慧感控系統、機器自動化、3D列印…等工業技術,並且將供應鏈、產品銷售、產品體驗、商業流程…等統合起來,建立具有效率且可客製化生產的智慧型工廠。

德國重磅企業西門(Siemens)則是工業4.0的模範代表,該企業位於安貝格 (Amberg)的智慧工廠在20年內未擴增廠房的條件下,可生產超過千種不同型號的商品,而且擁有接近100%的良率,被外界稱作「未來工廠」。

© SIEMENS

機器人大軍來臨

工業4.0浪潮中，第一波衝擊發生在生產線，
因為生產線上大多進行簡單的重複性工作，

這樣的工作內容
最容易被機器人
給取代

無人工廠

台塑集團旗下的南亞塑膠工廠，先前已啟動工業4.0計畫，鎖定其塑膠硬管工廠嘉義廠來進行。該廠月產5,000多噸塑膠硬管，高峰期用人數約300名，透過逐年汰換自動化設備與調配產線人力，現已成功改造為無人工廠，用人數從300人減為2人，1人負責監控電腦情況，另1人則負責現場狀況的問題排除。南亞塑膠希望在2024年時，將海內外進行塑膠加工的37座工廠，全面升級為無人工廠，為企業減少人事費用、減少工安問題以及穩定生產品質。

只要是重複的生產線工作，在這波工業4.0浪潮之下都會很快被機器人取代，原本的生產線人員，需要轉往產品研發、業務銷售或管理等工作。除了工業生產製作外，民生食品的生產也走向無人工廠的模式，全自動水餃無人工廠從「絞肉」開始，接著進行「包水餃」、「水餃放進盒子」、「封裝水餃盒」、「裝箱」，甚至「將箱子放到貨架上」，都是由機器自動完成，整個水餃生產過程，一個工作人員都看不到。

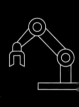

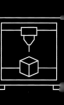

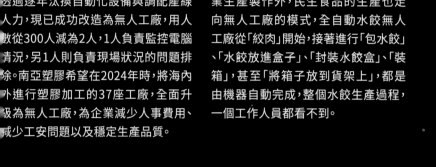

機器人可取代人類、精準執行重複的生產線工作，無人工廠已是我們必須面對和思考的重要趨勢

無人工廠負責生產產品，一般
消費者不見得知道自己口中的水餃
來自完全無人的自動化生產過程。
但是出現在消費者面前的無人商店，
可就能給我們很強烈的感受了。

機器人大軍來臨

無人商店

無人商店並不是在店裡多放幾台自動販賣機而已,真正刷新傳統零售概念的企業,Jason哥覺得應以亞馬遜(Amazon)為代表。該企業的智慧無人商店「Amazon Go」,消費者只要透過手機App、刷QR code即可進出,店內會自動追蹤消費者購買的商品,沒有結帳櫃臺、不需排隊、消費者可以拿了商品就走,購物金額會直接計入Amazon帳號。

亞馬遜於2016年12月發表Amazon Go概念影片,2018年1月正式營運。西雅圖的首間Amazon Go實體智慧無人商店為消費者建構了極為流暢的購物體驗,這仰賴是多項資訊科技的整合技術:電腦視覺、深度學習、傳感器融合...等。

消費者進入商店開始,走道攝影機就會錄下顧客移動的路徑,商品攝影機錄下消費者購買商品的行為,搭配貨架上大量的商品重量感測器,系統就能清楚掌握消費者的虛擬購物車狀態。最後,在消費者離開Amazon Go時,系統就會進行虛擬購物車內的商品計價,完成該次購物與結帳流程。

Amazon Go無人商店

Tao Cafe 淘咖啡無人商店

智慧型無人商店的運作，重點在於收集與消費者的購物行為相關的資訊，創造個人化的消費體驗。由於人們在店內的每個小動作都被攝影機完整記錄，Amazon Go可以分析店內的購物動線是否舒適、貨架的配置是否能吸引消費者的目光，在獲得了這些記名的數據資料後，後續的大數據分析以及更貼心的客製化服務，才是Amazon Go的發展重點。

2017年7月，阿里巴巴集團旗下的淘寶網，也在杭州推出了無人商店「淘咖啡TAO CAFE」。消費者掃描QR code、登入個人淘寶帳戶後即可入內消費，消費者可自行選取架上的商品，離開時會於出口處進行臉部辨識，最後從淘寶帳戶扣款，完成購物程序，實現了「刷臉支付」的應用。淘寶的下一步是與微軟的擴增實境眼鏡HoloLens合作，期待提升消費者線下購買活動的體驗。

統一超商7-11在2018年推出「X-STORE」無人店，透過人臉辨識、電子貨架標籤、人流分析…等，提供無人商店的服務，專注在消費者的科技體驗上；全家便利商店則推出「全家科技概念店」，發展重心為革新店員的工作流程，減輕店員的工作負擔，例如：機械手臂咖啡機的使用，消費者結帳後掃描QR code，機械手臂就會調製所買的咖啡與數量。

2017 CES 電子消費大展，日本Denso展出可依指令需求沖泡精品咖啡的機械手臂

機器人大軍來臨

無人駕駛

無人駕駛汽車，又稱為自動駕駛汽車，它的系統不需要駕駛員操作汽車，即能透過其設備感測道路環境、進行自動導航駕駛，並處理道路上的各種突發狀況。目前，無人駕駛技術已逐步成熟，在許多國家都在進行試驗，全世界的科技大廠與汽車大廠，包含：Google、Uber、百度…等科技業者，以及賓士、BMW、福特…等車廠，皆相繼投入自駕車的研發與測試。

新加坡政府積極引進外部資源，2016年8月宣布與美國自駕車技術研發商 nuTonomy與Delphi合作，在新加坡的特定區域進行道路測試。使用者在測試區域內可透過手機App呼叫自駕計程車、使用載客服務，到2016年底已有12輛無人自駕計程車在該區域營運。

另外，新加坡2019年將於聖淘沙(Sentosa)試行4輛無人駕駛接駁公車。新加坡政府的構想是將無人自駕車結合物聯網，蒐集大量交通數據，用於改善交通的壅塞、並解決駕駛員的不足，期許成為第一個將無人自駕車商用化的國家。

新加坡於2016年8月核准上路營運的無人自駕車nuTonomy
© nuTonomy

人類開車有幾個造成意外發生的主因，包括：疲勞駕駛、酒駕、分心...等，還有一種是不遵守交通規則的瘋狂駕駛（Crazy Driver），但無人自駕車就不會有這樣的問題。

使用無人自駕車有許多好處，包括：減少交通事故、避免人類駕駛的各種問題、控制車輛行車速度、增加車輛的乘載人數（不需司機）、透過物聯網與雲端系統增加整體行車速度...等；但也有若干挑戰存在，包括：駕駛的工作機會消失、隱私權的可能侵害、自動駕駛軟體的可靠性問題...等，這都有待更多公眾討論與專家研究以尋求解方。

美國國家高速公路交通安全管理局 NHTSA (National Highway Traffic Safety Administration) 依自動駕駛的程度，劃分了5個自動駕駛級別，請參考右表：

級別	自動駕駛水準	描述
1	弱駕駛輔助	使用個別的裝置來發揮安全作用，如：防鎖死煞車系統（ABS）
2	部分自動駕駛	駕駛人主要控制車輛，但有系統幫助駕駛減輕操作負擔，如：主動式巡航定速（ACC）
3	有條件自動駕駛	車輛可自動駕駛，但駕駛人需隨時準備自行駕駛車輛
4	高度自動化	車輛可完全自駕，啟動自動駕駛後，一般不必介入控制，為有方向盤自動駕駛車
5	高度自動化	車輛可完全自駕，任何時刻都不會控制到車輛，為無方向盤自動駕駛車

機器人大軍來臨

各式各樣的機器人

機器人的類型非常多，例如：服務機器人、工業製造機器人、救難機器人、警察機器人、行動機器人⋯等，甚至還有陪伴機器人，幾乎是在各個層面，都能看到機器人的應用正不斷開展。

1. 服務機器人

服務機器人可以代替人類，提供各種類型的服務工作，最常見的是在各大銀行、賣場或醫院的入口處，提供迎賓或導覽服務。

亞太電信在2016年11月推出由日本軟體銀行研發、鴻海製造的Pepper機器人。這款機器人身高121公分，體重29公斤，身材像個7歲的小孩。它有20個活動關節，肢體動作相當靈活，並藉由17個感應器來辨識使用者的情緒，胸前設計10.1吋的觸控螢幕，藉此與使用者互動玩遊戲。

Pepper機器人的功能推出後持續提升，除了定期更新原有的歌唱及遊戲功能外，現在還能串接各種開放數據（Open Data），並與企業資料庫整合，以進一步強化其資訊內容與服務。這些數據的運用讓Pepper變得更聰明，能夠完成更多元的服務。

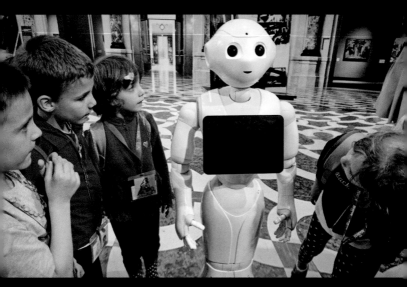

Pepper機器人在米蘭與小朋友互動

2. 救難機器人

當人類發生危難，會呼叫救難隊會前去救援，但其實救難隊本身也面臨著高度危險。為了增加救難效率、顧及救難人員的安全，各類型救難機器人應運而生，幫助救難隊執行艱困的救難工作。

美國海洋機器人公司Hydronalix研發了一款名叫EMILY的救生員機器人，她具有每小時45公里的航行速度，就像是海上的車輛，能快速移動幫助救生員救起溺水者。EMILY的浮力裝置一次可以拉起4人，可快速移動又具有強大浮力，是救生員的一大幫手。

救生員機器人EMILY ©Hydronalix

杜拜的機器人警察
攝影 Ashraf Mohammad Mohammad Alamra | 路透社 (達志影像)

3. 警察機器人

2017年5月，杜拜的第一位警察機器人正式在當地警局亮相。杜拜政府將機器人警察部署在遊客聚集的景點與購物中心，以維護當地治安。

警察機器人的身高為168公分，與成人的身高相近；胸前配有觸控螢幕，人們可向警察機器人報案或繳納罰款；未來功能還會再提升，將可以進行影像辨

識，直接將資訊傳給數據控制中心，幫助警方辦案。依據杜拜警局智慧服務部門的規劃，機器人警察未來將取代超過25%的杜拜警力。

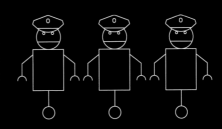

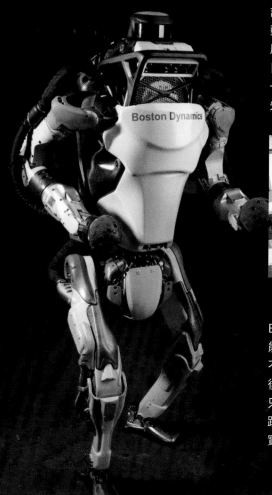

4. 行動機器人

談到機器人的發展，一定要注意波士頓動力公司Boston Dynamics！這家公司原本在Google旗下，後來在2017年被日本軟銀公司收購，Boston Dynamics一直在行動機器人的創新研發位居領先地位。

Boston Dynamics 官網

Boston Dynamics的雙足機器人Atlas能以雙腳走路與跑步，即使在雪地上也不會滑倒，它還能夠搬重物，甚至還能後空翻！天啊，Jason哥苦練許久，還是只能向前滾，Atlas竟然能後空翻！即使跌倒還能夠自己站起來，動態平衡能力實在太好了！

Atlas 機器人 ©Boston Dynamics

機器人大軍來臨

華碩的Zenbo機器人 ©ASUS

5. 陪伴機器人

居家需求一直是機器人發展的重點。機器人給人的感覺雖然比較冰冷，但是透過可愛的造型設計，還是讓人很有親切感。

華碩推出的Zenbo陪伴機器人，身高62公分，體重10公斤，是一台會有情緒反應的小機器人，可以進行日常行程的提醒、唱歌或說故事給小朋友或老人家聽；並且可以與家中物聯網裝置連線，例如：電視、冷氣、電話…等，提供智慧型操作。

人類科技的發明
與發展本來就有
正反兩面的效益

用於好的方面可以改善人類生活、教育、交通、醫療、商業活動等；用於不好的方面，有可能侵犯人類的工作權或隱私，產生不道德的傷害或不公平的對待，這都需要我們在思索利弊後制定法律做進一步的規範。

PART 2

Life-C
5項關鍵能力

面對大人機時代，
我們的學習不應再用
傳統的方式進行，
因為大量的反覆練習
無法培養出大人機時代的關鍵能力；
我們不應再把珍貴的腦力
耗費在記憶上面，
因為人類再怎麼樣也比不上電腦。

我們應該把腦力應用在具有創造力
的事情之上，到底我們該培養哪些
面對未來的關鍵能力呢？

經濟學人雜誌提出的職場關鍵能力

《經濟學人》「驅動技能的旅程：為學生的未來作準備」報告封面

《經濟學人》(The Economist) 在 Google for Education的支持下，提出了智慧單元報告 (Intelligence Unit)。這份報告從企業主管、教師與學生等面向著手，進行「驅動技能的旅程：為學生的未來作準備 (Driving the skills agenda: Preparing students for the future)」調查。

到底什麼能力是未來所需要的能力
What skills will the future demand?

該研究調查了全球超過20個國家的企業主管，在提示項目與最多選擇3項的
條件下，歸納出職場上最重要的能力由高而低為：

問題解決 Problem solving
50%

團隊合作 Team working
35%

溝通 Communication
32%

批判性思考 Critical thinking
27%

創意 Creativity
21%

領導力 Leadership
18%

讀寫能力 Literacy
17%

數位素養 Digital literacy
16%

外語能力 Foreign language skills
15%

情緒商數 Emotional intelligence
12%

計算能力 Numeracy
12%

創業精神 Entrepreneurship
8%

另外，從企業管理者的觀點來看，只有34%的企業主管，對於年輕人進入公司工作的表現覺得滿意。若調查18~25歲的新鮮人，只有44%的人認為，教育系統(Education System)提供了他們進入職場所需的能力，這個比例不到一半，多數是認為教育系統並未教導他們足夠的職場能力。

職場所需要的工作能力，包括：問題解決、團隊合作、溝通、批判性思考、創意、領導力、讀寫能力、數位素養、外語能力、情緒商數、計算能力、創業精神，為何多數年輕人認為在教育系統的學習中，學不到職場所需的能力呢？

如果在教育系統中學習不到關鍵能力，那年輕人要怎麼辦？

面對大人機時代更加快速改變的未來，我們每個人該怎麼辦？

我們每個人需要以何種方式提升自己面對未來的關鍵能力？

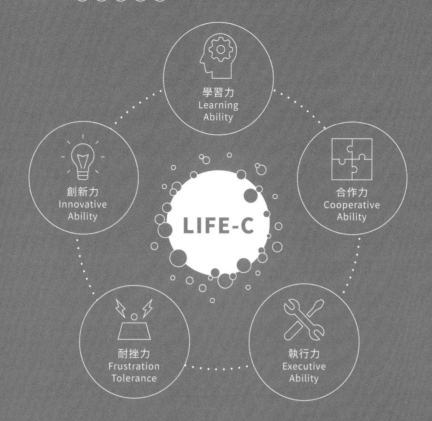

比維他命C還重要的Life-C

面對資訊快速改變與發展的大人機時代，Jason哥提出了Life-C對策，那什麼是Life-C呢？

Life-C是5大面向能力的縮寫，包括：

學習力 Learning Ability

創新力 Innovative Ability

耐挫力 Frustration Tolerance

執行力 Executive Ability

合作力 Cooperative Ability

把每個能力的第一個英文字母串接在一起，就成為「Life-C」。

這5大關鍵能力落實在工作或學習之中，將可以幫助我們面對快速變動的世界，不用擔心被大數據、人工智慧或機器人取代我們的工作。

CHAPTER 1

學習力

21世紀被稱為是
知識經濟時代，
知識的進展速度飛快，
唯有具有學習力、
不斷學習與成長，
才能不被時代所淘汰。

維基百科 | www.wikipedia.org

學習力決定每個人的未來！

在沒有網際網路 (Internet) 的年代，人類知識的取得大多需要師傅的親身指導，知識的傳遞速度緩慢，知識擴張的速度更慢。Jason哥小時候，只要老師沒有教的知識，當我想瞭解時大多會先去翻閱我家那本珍藏的「大英百科全書」，如果找不到相關說明，我就會花不少時間到圖書館找資料。即使Jason哥這麼內向好讀書，往往也有許多問題得不到詳細的說明，留下不少疑問。

1.

知識經濟 (Knowledge-based Economy)

依據經濟合作暨發展組織 (Organization for Economic Co-operation and Development，OECD) 於1996年所提出之定義，知識經濟是以「知識」為重心的經濟型態，進行知識的擁有、傳播、創造、獲取與應用等經濟活動。

時至今日，網際網路的參考資源非常豐富多元，有許多單位或個人所建置的網站提供知識文件，更有眾人共同編輯的「維基百科平台」，其內容豐富程度，已經成為我們搜尋資料時的重要管道。因為由眾人共同編輯，來自世界各國的熱心民眾提供了多國語言版本的條目內容。另外，維基百科的更新速度極快，許多的條目內容幾乎是一出現新變化，就有人去更新它，速度快到讓Jason哥只能讚嘆了。

21世紀被稱為是知識經濟 (Knowledge-base Economy) 時代，知識的進展速度飛快，唯有具有學習力、不斷學習與成長，才能不被時代所淘汰。

學習力，
自我學習新知的能力

人類從幼兒教育開始一直到大學畢業，大約需要20年左右的時間接受正規教育。20年的時間相當長，我們花費那麼長的歲月在學校努力學習各科知識，通過大大小小的考試，但在踏出校門的那一刻還是有許多能力是不足的，難以面對日新月異且高度競爭的職場環境。

以前我們在學校學習大多被升學考試所箝制，反覆背誦不知道有什麼用途的課本知識。「因為考試要考，所以要讀」是許多人共同的學習經驗。時至今日，面對變化如此快速、網路環境如此便捷、訊息資源如此豐富的的大人機時代，想學習運用某些知識，上網搜尋絕對可以找到大量相關文件，甚至還有教學影片提供給需要的人參考，所以最重要的是培養自我學習與問題解決的能力。

降龍十八掌是金庸武俠世界最絕頂的武功之一

Jason哥很喜歡閱讀金庸大師的小說，對於其中的降龍十八掌特別喜愛。降龍十八掌是武俠世界中最絕頂的武功之一、威力無窮！能學降龍十八掌的都是濟弱扶傾的正義之士。所以Jason哥常以學習降龍十八掌作為素養導向教學的例子–招式是「知識」，出招是「技能」，具有武德是「態度」，缺一不可啊！

學習力

如何培養自我學習與問題解決的能力呢？

現在的世界教育潮流強調「素養」，不再只著重知識層面的學習與評量。素養是指從知識、技能與態度三面向的學習，增強面對真實世界的「內功」–這些內功包含**語文素養**（理解語文之美並能運用自如）、**科技素養**（善用科技並且有良好的使用態度）和**人文素養**（具有文化知識並能妥善運用與人互動）。

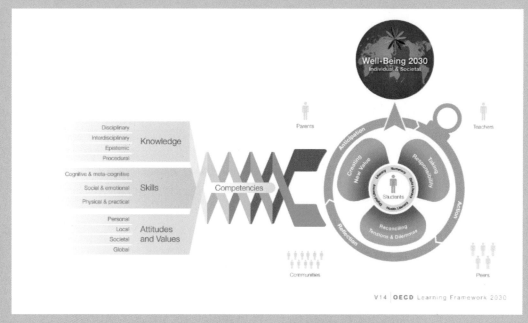

OECD 2030教育學習羅盤 | www.oecd.org/education/2030/

經濟合作暨發展組織（OECD）近年提出的2030教育願景，具體提出「知識 Knowledge」、「技能 Skills」、「態度與價值 Attitudes and Values」三面向為學習主軸，三條主軸緊密交織、進而內化成各面向的競爭力，最後學習者將成為具有行動力與反省力的幸福人。

什麼樣的學習，可以讓學生具備行動力與反省力呢？

美國認知心理學家班傑明·布魯姆（BenjaminBloom）的認知學習分類指出，認知學習層次由低而高依序為：記憶、理解、應用、分析、評鑑與創造，記憶與理解算是「低層次思考」；應用以上的認知能力算是「高層次思考」，高層次思考能力的培養是未來教育的重點。為了達成上述目標，教育系統應該讓學生跳脫背誦學習，轉而運用知識解決問題、進行創造。

高層次思考	**創造** **Create**	涉及將各個元素組裝在一起，形成一個完整且具功能的整體。
	評鑑 **Evaluate**	根據規準（criteria）和標準（standards）作判斷
	分析 **Analyze**	牽涉分解材料成局部，指出局部之間與對整體結構的關聯
	應用 **Apply**	牽涉使用程序（步驟）來執行作業或解決問題，與程序知識緊密結合
低層次思考	**了解** **Understand**	從教學訊息中創造意義；建立所學新知識與舊經驗的連結
	記憶 **Remember**	從長期記憶中提取相關知識

布魯姆的認知學習層次分類 Bloom's Taxonomy

布魯姆的認知學習層次，讓我們知道：

- 善用網路豐沛的資源
- 自行記憶與理解相關知識
- 進而能夠應用與分析
- 最後達成評鑑與創造表現，用於解決或改善問題

是大人機時代不可或缺的學習力。

在教育現場，我們重視解決生活情境的真實問題；在企業現場，我們重視解決營運情境的真實問題。生活化與情境化的問題解決，正是培養迎戰未來能力的關鍵。

問題解決，
培養學習力的重點項目

培養學習力到底可以從哪些重點項目著手呢？

每個問題有「標準答案」，可兼具公平性與方便批改。這乍聽好像很不錯，大部分的題型為是非題、選擇題或填空題。從小到大，我們的答案只要與標準答案不一樣就拿不到分數，但這真是最好的學習方式嗎？

重視標準答案的學習方式，讓我們習慣於要有標準答案的想法–老師的命題必須確定有標準答案，學生的答題更要符合標準答案–讓我們的思維模式歸於單一、缺乏多元性，提出的命題也缺乏讓學生解決問題的機會，大多以是非題、選擇題或填空題的題型呈現。

真實生活中要讓一群好友快樂聚餐，必須考量的面向相當多

我們知道在真實世界中的問題往往不會有標準答案，只可能有較佳的解決策略，而且在提出解決策略時還需要考量多方面因素，這些因素往往會有各種情況或條件限制。

比方說，在舉行同學聚餐的時候，往往會考量餐費、舉辦日期、餐廳、參與人數多寡…等因素，這些因素常常需要權衡取捨－餐費降低則參與人數可能增加、餐廳好壞也會影響參與人數、大家都想去好餐廳但好餐廳往往是比較高價的…所以我們往往需要找出最主要的目的，然後製作問卷來尋求最大公約數。

「問題解決」其實是「心智活動與行動的歷程」，泛指人類運用知識、技能、經驗與態度，藉由思考與行動來處理問題，期望使問題的處理情況能產生預期結果。問題解決能力是職場最需要的關鍵能力，很可惜在學生學習的過程中，能夠經歷真實生活問題的思考與解決機會並不多。

培養「問題解決能力」的學習活動都具備下列重要特徵，包括：以學習者為主體、學習者負責解題活動、從實作中學習（Learning by doing）。

培養「問題解決能力」最有效的辦法，就是多多面對處理問題，多多思考策略、運用資源去克服難題。在教育或學習策略上，有多種不同的模式可以運用，以培養高層次思考的問題解決能力，例如：探究學習（Inquiry learning）或合作學習（Cooperative learning）。

培養問題解決能力的學習活動特徵

學習力

探究學習 Inquiry learning

傳統講述式教學法中，知識是由教學者傳輸給學習者，整個教學強調對事實性知識或解題規則的反覆練習，較不在意學生對所學概念的瞭解與否，更遑論對科學態度和解題技能之學習有所幫助。

而探究學習是一種以學生的知識探索活動為主的教學策略，乃指教師在教學過程中，藉由提出問題以及提供與教學主題相關的資料，讓學生主動進行假設、探索、驗證、歸納、解釋及討論活動。教師是站在引導的立場指引學生主動學習、刺激學生學習的興趣、鼓勵學生追求事物真正的本質，培養獨立思考、推論或歸納的能力。

探究學習中學生是主體，必須主動學習、獨立思考

Jason哥歸納探究學習的過程應包括下圖步驟，以培養面對問題、思考問題與解決問題的能力。

熟悉主題
Familiarize

▼

提出假設
Hypothesize

▼

尋找證據
Explore

▼

提出解釋
Explain

▼

進行修正
Revise

▼

提出結論
Report

探究學習的過程

探究學習的主題其實文科或理科皆宜，有時文科主題還更有探究、思考與討論的空間。Jason哥深深覺得運用探究學習，培養高層次的問題解決與思考能力，對每個人而言都是非常重要的一件事啊！

合作學習 Cooperative learning

合作學習是一種有結構、有系統的教學策略，乃指教學者可依據學習者的能力、性別、種族背景或其它學習特性，組織成在上述特性有差異的異質性成員小組，並鼓勵小組成員為達成共同的學習目標而相互協助，進而提高個人的學習效果。

合作學習除了在真實教室情境中的應用，隨著科技的進展、特別是電腦的普及與網路的盛行，在網路上建置合作學習的情境，也可以有效提升學生的批判性思考、問題解決以及人際溝通技巧。

透過無遠弗屆的網路和全球人士進行
合作學習，是及早建立多元思維的方式之一

科技素養是學習力的重要輔助

除了最重要的問題解決（Problem Solving）能力之外，在這個網路資源與學習平台如此豐富的時代，人與人溝通的讀寫能力（Literacy）、善用科技資源的數位素養（Digital Literacy）與流暢自如的外語能力（Foreign Language）等項目，都是培養學習力的重點。

《經濟學人》的調查中，有句話「ICT skills are no longer an option; they're basic skills for operating in society.」[2] 讓Jason哥非常認同。不管是問題解決能力、讀寫能力或是外語能力，其實我們都能運用科技工具輔助、進行更有效率的提升。

另外，要記得所有的能力都是「用進廢退」–經常運用會進步、缺乏鍛鍊會退步。持續學習與累積，具有終身學習的態度與行動是非常重要的。

2.
ICT, Information and
Communication
Technology

學習力

Jason哥分析專注的狀態與心流的狀態，發現兩者相當接近，都會產生一些特徵，主要的徵狀包括：時間感改變(覺得時間過得很快)、全神貫注(外在訊息難干擾)、操控感(能掌握相關活動)、自覺的喪失(忘了肚子餓或不知身在何處，甚至忘了我是誰)、清楚的目標(知道要完成什麼任務)…等。

專注能產生高效率，當我們要提升學習力時最好能進入專注狀態。但專注的狀態不容易進入，需要對所做的事情產生興趣，還要摻雜挑戰難度與技巧高度的搭配，才能讓我們專注、甚至產生心流。

進入專注狀態可使人們完成需要高度專業的精密工作

培養專注力的好方法

閱讀

資訊網路時代由於各類訊息快速出現，我們很難專心於一件事情上，要達到專注更難。「閱讀」是培養專注力的好方式，我們知道閱讀是創造意義的過程，它的目的是理解文章傳遞的概念，並且做出自己的詮釋。

一般情況下，閱讀是我們對書寫符號的辨識，並從中獲得資訊；但讀者在進行較高層次的深入閱讀時，會主動連結文本和過往經驗，據此重新詮釋書寫符號與篇章組成的意義。

進行深入閱讀時我們的大腦會專注於多重運算─一是對書寫符號進行解碼，另一是連結自身經驗並提取意義。

運動

「運動」也是培養專注力的好方法！相關研究發現，當「運動」達到某一個程度時，大腦會分泌多巴胺（Dopamine），多巴胺是一種神經傳導物質，多巴胺不足會導致注意力無法集中，充足的多巴胺有助於提升專注力。

這也就是每次Jason哥跑步運動時，總是覺得思緒非常清晰，可以專心思考很多事情。多巴胺也會讓人有興奮與開心的感覺，因此它也被稱為「快樂物質」，難怪Jason哥運動時總是很愉悅！

專注其實是許多事情成功的關鍵，當我們專注於正在做的事情時，其效率是遠高於其它狀況的。

學習要從擅長的多元智能切入

有些家長認為孩子的哪一科成績不佳，只要把孩子送去補習加強該科目，成績就可以獲得提升。當然有些學生努力不夠，增加該科目的學習時間的確可以提升學習表現；但有些學生具備不同的多元智能，若只著重在該智能的反覆練習，其效用是有限的。

在我們學習成長的過程會發現有些同學的語文特別好，學習特別快、能巧妙且美妙地運用語言；有些同學具有絕對音感，對於旋律掌握得非常好；也有些同學能夠協調且靈巧地運動；更有同學具有卓越的數理邏輯理解能力，總是能解決複雜的數理問題。

「沒有人是十項全能的，因為我們每個人都有不同的多元智能（Multiple Intelligence）。」這樣的觀點由美國哈佛大學哈沃德·加德納（Howard Gardner）教授於1983年提出，廣受各國教育人員的肯定。

多元智能主要含括八種面向的能力，包括：**語文智能、邏輯數學智能、空間智能、音樂智能、肢體動覺智能、人際智能、內省智能、自然觀察智能。**

J. K. 羅琳以無窮想像力和流暢筆觸，為讀者打造了驚險有趣的魔法世界

語文智能 Linguistic Intelligence

主要指能有效運用口頭語言或書寫文字的能力。具備這種智能的人長於語言應用、音韻學與句法，喜歡文字遊戲、討論、閱讀與寫作。

代表人物：
建構武俠世界的金庸大師、創作全球最暢銷小說《哈利波特》的英國小說家J‧K‧羅琳。

J. K. 羅琳2016年出席哈利波特前傳《怪獸與牠們的產地》首映會

學習力

邏輯數學智能
Logical-
Mathematical
Intelligence

主要指能有效運用數字、邏輯和推理的能力。具備這種能力的人對相關抽象概念的敏感性高,喜歡科學探討並尋求答案。

代表人物:

在邏輯數學智能方面的大天才愛因斯坦(Albert Einstein, 1879-1955)。他在1916年提出廣義相對論,認為重力波(Gravitational wave)是由質量在加速運動時所引發的時空扭曲而成。這個推測過了100年才在2016年獲得美國科學家的證實。

1921年愛因斯坦榮獲諾貝爾物理學獎的官方肖像

重力波是時空的漣漪，當帶質量物體呈加速度運動時會在時空產生漣漪、向外傳播，這時空的漣漪就是重力波

貝聿銘大師於1989年完成的
法國巴黎羅浮宮擴建工程

空間智能
Spatial Intelligence

主要指能準確感覺整個視覺空間，並能把所知覺到的空間表現出來。具備空間智能者對色彩、線條、形狀、空間具有高敏感性，善用圖像來思考。

代表人物：
得獎無數的世界建築大師貝聿銘先生，他的建築設計作品遍佈世界各地。

肢體動覺智能
Bodily-kinesthetic
Intelligence

具備這種智能的人能善用身體或雙手來表達想法，並且具有良好的協調、平衡、敏捷、力量、速度和彈性等身體技能，喜歡運動與動手創作。

代表人物：

強力左投陳偉殷憑藉努力與天賦，於2016年1月與邁阿密馬林魚隊簽下5年8000萬美元的複數年大合約。

Jason哥與強力左投陳偉殷

2018年9月陳偉殷出戰辛辛那提紅人
攝影Jasen Vinlove | USA TODAY Sports | Newscom (達志影像)

學習力

馬友友是當代最著名的大提琴家，除了演繹古典音樂，他也積極與當代音樂家進行跨界交流，成績斐然

音樂智能
Musical Intelligence

主要指能察覺、辨別和表達音樂的能力。具備音樂志能的人對節奏、旋律或音色具有高敏感性，喜歡音樂或用節奏來思考。Jason哥曾遇過有高度音樂智能的人，只要聽過歌曲旋律，就算沒有譜也能用鋼琴彈出，這種天分是Jason哥經過再多努力也很難達成的。

代表人物：

1750至1825年活躍於歐洲的維也納古典樂派海頓（Franzz Jooseph Haydn, 1732-1809）、莫札特（Wolfgang Amadeus Mozart, 1756-1791）、貝多芬（Ludwig van Beethoven, 1770-1827）…等。活躍於跨界樂壇的馬友友可視為當代音樂家表率。

維也納古典樂派最重要的三位音樂家：海頓、莫札特、貝多芬這三座塑像鮮明展現了他們的性格與創作風格

人際智能
Interpersonal
Intelligence

主要指善於察覺並區分他人的情緒、感覺及意向的能力。具備這種智能的人對臉部表情、聲音和動作具有高敏感性，喜歡參與團體活動、樂於與人溝通、善於察言觀色、懂得應對進退。

代表人物:
美國著名的人際關係學大師卡內基先生(Andrew Carnegie, 1835-1919)創立了卡內基訓練(Dale Carnegie Training)培養人們的人際溝通與社交技巧。

卡內基先生攝於1913年

開幕於1895年，歷經多次增建的卡內基音樂廳（Carnegie Hall, NY）是美國百年來的音樂聖殿，也是重要的社交場所

學習力

聖嚴法師 (法鼓山文教基金會 提供)

內省智能
Intrapersonal Intelligence

主要指能瞭解自我，掌握內在的情緒、動機與慾望。具備內省智能者經常深思與反省，對於自我的要求高，喜歡獨處並思考問題。

代表人物：

創立法鼓山的聖嚴法師(1931-2009)。聖嚴法師是佛學弘法大師、哲學家兼教育家，曾經六年閉關苦修，以四十歲之齡留學日本並獲得博士學位，首創「心靈環保」的觀念，以推動「提昇人的品質，建設人間淨土」為理念。

自然觀察智能
Naturalistic Intelligence

主是指能認識、辨識與探索外在的自然環境，包括：動物、植物、岩石…等。具備這種智能的人對外在環境的細微變化具高敏感性，喜歡耕作或生物科學方面的活動。

代表人物：

英國生物學家達爾文先生（Charles Robert Darwin, 1809-1882），以科學證據提出演化論（Theory of Evolution），證明了所有物種是由少數共同祖先所演變與進化而來。

俄羅斯在1992年發行的達爾文郵票，票面船隻即是乘載他環遊世界的英國皇家海軍小獵犬號（The Beagle）

《小獵犬號環球航行記》1913年版插圖，當時插畫家對南美原住民的描繪

愛因斯坦曾說：「每個人都是天才，但如果用爬樹的能力來評斷魚的表現，魚永遠都會覺得自己很愚蠢。」瞭解每個人的天賦，尊重每個人的發展，是進步的社會價值。

學習時我們要從較有天賦的智能切入，不要一昧補強較弱的智能，這樣的效果會較差。例如：孩子的英語能力較差，找不到學習動機、不喜歡背英文單字與語法，但很喜歡看NBA籃球賽與打籃球。此時就要從強的肢體動覺智能切入，讓孩子看NBA球賽，閱讀有關NBA的英語報導，聽NBA球賽的英語播報。以擅長的多元智能引導較弱的多元智能，往往比直接補強更有效。

Jason哥有一句座右銘：「找一個喜歡且擅長的領域，持續不斷去做就是成功！」對於所從事的領域光是喜歡還不夠，需要有一點天分；光有天分也不足，需要多一些興趣；最後就是需要持續累積的耕耘，不管最後的結果如何，能找到喜歡且擅長的領域，持續不斷去做，這就是成功了！

學習力

Coursera數位學習平台首頁
www.coursera.org

善用浩瀚的數位
學習平台資源

現在的網路資源非常豐富，資料量無時無刻都在成長，只要善用這些資料與平台，就可以幫助我們瞭解各種知識。

除了一般資訊網站，還有數位學習 (e-Learning) 類型的網站平台，這是用來支援教學與學習的系統平台，提供了多樣化的課程，例如：語文、管理、金融、程式設計…等，而且大多不限制學習資格，不限制學習年齡、性別與學經歷，有些平台甚至提供證書給通過的學習者。

思科 (Cisco) 前執行長約翰·錢伯斯 (John Chambers) 曾說：「網際網路最大的發展之一，將來自於數位學習或線上訓練。」以下介紹幾個數位學習平台的學習模式以及優點，給各位讀者參考。

Coursera
數位學習平台

Coursera是營利性的教育科技公司，其平台特色在於課程涵蓋許多領域、所有課程皆有視頻簡介、部分課程有多國語言字幕。該平台與世界名校合作，課程免費但證書收費，例如：修習一門史丹佛大學開設的「機器學習」課程，如果想獲得史丹佛大學的認證證書，需要花費79美元；如果不要證書，則可以免費修課與獲得所有課程教材。

除了單一數位課程的註冊學習，Coursera也提供線上學位課程，這些學位來自世界一流名校，例如：伊利諾大學、倫敦大學…等，有碩士學位也有學士學位。線上學位的課程要求、修課時間與收費在網站上都有清楚註明，其線上學位收費比起實體上課便宜許多，有興趣的讀者可以參考。

Udacity數位學習平台首頁
www.udacity.com

Udacity
數位學習平台

Udacity數位學習平台主要為科技業提供在職培訓，期待將創新技術引入課程，提供學習者實現自主學習的平台。

企業可使用平台既有課程對員工進行培訓，以節省研發新課程所需成本。Udacity鎖定的使用族群為跨領域轉職者、求職者、對新科技有高度興趣的人，所以主要合作企業為Google、amazon、IBM…等技術導向公司，以科技業為最大宗。

Udacity提供微學位（Nanodegree）課程，修習時間約3個月，這是注重實際技能的付費證書課程，課程目標希望學員通過後有技能從事專業工作。這類屬於在職進修的課程，學費也相對高昂，舉例來說想取得「AI Programming with Python」的微學位證書，必須支付美金599元，這還只是人工智慧課程的初階課程。

如果想取得人工智慧之「機器學習工程師課程」之微學位證書，則需要2期共6個月的學習，每1期的費用為美金999元（3個月），修完第一期才能修第2期。

Udacity資訊科學概論課程證書
Arno Matthias 提供

可汗學院數位學習平台
www.khanacademy.org

網路資源非常豐富，資料量無時無刻都在成長，只要善用這些資料與平台，就可以幫助我們瞭解各種知識。

Khan
可汗學院數位學習平台

可汗學院（Khan Academy）是2006年創立的非營利教育組織，網站首頁即表明「You can learn anything. For free. For everyone. Forever.」，也就是告訴我們可汗學院是永不收費的非營利網站，提供給每個人使用。可汗學院將使用者分成三種身份：學習者、老師與父母，分別提供不同的功能。

為了提升學習樂趣和參與度，可汗學院為學習者提供在線練習、自我評估、進度跟蹤和徽章制度等功能，鼓勵學習者持續學習、過關累積積分以精熟相關的概念。

可汗學院是非營利組織，需要大家捐款（Donate）才能維持運作，持續提供世人免費優質的數位學習平台。先前已有比爾蓋茲基金會與Google等單位給予企業贊助，如果我們個人想提供贊助，也可以在網頁上按下「Donate」按鈕來貢獻一己之力喔。

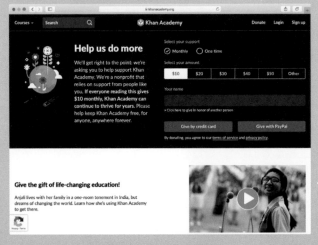

可汗學院的經費贊助網頁

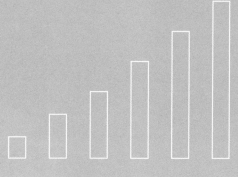

學習力是終身都需具備的態度與能力

《世界是平的The World is Flat》一書的作者湯馬斯·佛里曼（Thomas Friedman）指出，科技進步的速度已經超過人類適應能力，我們只能透過更快的學習以避免被淘汰，同時政府也需要更聰明的治理方式。

大人機時代，每個人都需成為「終身學習者」，培養良好的學習態度與能力，瞭解自己的多元智能與關鍵優勢，並善用豐沛的網路資源，如此才能在快速變動的數位時代自我定位、維持競爭力、創造美好的人生。

均一教育平台
Junyi Academy

誠致教育基金會引入可汗學院的學習架構，成立「均一教育平台」，提供挑戰任務、短片教學、互動式練習題、技能等級、徽章制度等多樣學習模式，用以增進學習者的學習動機與樂趣。其課程內容以國小到高中的主要科目為主，其次為大學先修科目以及藝術與人文等多元課程。

均一教育平台網站
www.junyiacademy.org

學習力

CHAPTER 2

創新力

美國、日本、歐洲到聯合國幾乎
都將創新力 Innovative ability列為
21世紀最重要的關鍵能力之一。
擁有創新能力的人，職場上往往能有
令人耳目一新的表現。

「創新力」
指用前所未有的方式創作、
產生新價值的能力，
創作面向包括：方法、觀念或事物。
換言之，只要能提出有價值的
新方法、新觀念或新產品，就可
稱為具有創新力。

創新力

2018 進入全球創新排名的企業，
這些企業徹底改變了我們生活的型態

01.	APPLE	26.	KAKAO BANK
02.	NETFLIX	27.	DARKTRACE
03.	SQUARE	28.	WAZE
04.	TENCENT	29.	VIPKID
05.	AMAZON	30.	GUCCI
06.	PATAGONIA	31.	PAYTM
07.	CVS HEALTH	32.	SLACK
08.	THE WASHINGTON POST	33.	HOPPER
09.	SPOTIFY	34.	COMPASS GROUP
10.	NBA	35.	DJI
11.	MARVEL STUDIOS	36.	SEPHORA
12.	INSTAGRAM	37.	CAVA
13.	STITCH FIX	38.	ACTIVISION BLIZZARD
14.	SPACEX	39.	PATREON
15.	WALMART	40.	EVERLANE
16.	BYTEDANCE	41.	PINTEREST
17.	RELIANCE JIO	42.	STRIPE
18.	NINTENDO	43.	SUGARFINA
19.	SOCIAL CAPITAL	44.	DUOLINGO
20.	ALIVECOR	45.	DIAMOND FOUNDRY
21.	NOVARTIS	46.	ALFRED
22.	ONEOME	47.	COMMONBOND
23.	THUMBTACK	48.	ROVER
24.	FORD FOUNDATION	49.	THE MUSE
25.	PELOTON	50.	GRADUATE HOTELS

培養創新力的態度

具有創新力的態度
來自幾個要素，包括：
好奇心、創意、批判性思考、
挑戰心與實踐心，
這些要素讓我們樂於思考，
不斷創新與實踐。

創新力

好奇心 Curiosity

「好奇心」是希望瞭解問題發生原因的態度，它是人類進步的重要動力，幫助人類面對未知領域。對各種事物保持好奇心，多探究、多發問，會幫助我們深刻理解所關心的事物。

Jason哥曾參與英國中學生的數學課，驚訝於學生們在課堂上總會不斷提出各種問題，有些問題很直觀，有時還會偏離了主題，但老師對於學生們提出的問題，都是先予以肯定與鼓勵，然後再慢慢解說。

反觀東方的教育，總有大量的知識要講授，這些知識跟升學考試又有密切關連，如果學生們提出的問題過多時，老師會擔心上不完進度，因此較難營造一個適合學生提問的教學情境；另外，我們的孩子也缺乏發問的習慣，很怕問了一個不甚高明的問題會被同學們取笑，有時也會擔心問問題會影響全班的上課進度。

在網路資源豐沛的大人機時代，想了解好奇的問題，網路上有非常多的資源可以幫助我們探究與思考，即使沒有老師可以請教，我們還是可以上網搜尋資料進行研究。

好奇心是創新的要素，現在又有網路資源可供查詢，所以，自己要對周遭的事物保持好奇心，也要鼓勵孩子們勇敢發問與探索，就讓我們一直保持旺盛的好奇心，擁有創新的原動力吧！

好奇是人類進步的動力，NASA火星探測車就取名為「好奇號」

多認識不同的人、多閱讀不同的書、多嘗試
不同的經驗，就像在大腦中創造許多新節點，
讓自己更有機會構成與眾不同的事物

創意心 Creation

「創意心」是跳離原有框架，產生有價值新想法的態度。

具有創意的員工常常是老闆心中的最愛，這類型的員工總有出人意表的構想，讓老闆可以思考其他的可能性，讓公司發展跳離原有的框架。

創意的核心精神是跳離原有框架，所以我們要多與各種不同類型的人交流，才有利於激發更多新的創意，即使對方的意見與您相左，但彼此激盪的過程有時能產生精彩的創意。

多多閱讀不同類型的書籍，除了自己的專長領域，也該多看其他類型的書籍，學習從別人的眼光來看事情，吸收別人不同的觀點，從中滋養富含創意的新想法。

最後，就是要Push自己去尋求新經驗的體驗，因為創意往往需要結合其它領域的點子，讓自己多多體驗不同的經驗，會讓創意在體驗中展現喔。

創意思考的能力從小就可以培養，要鼓勵孩子多玩需要動腦的遊戲或玩具，不要限定解決方式，最好有各式各樣的答案。另外，也可以多多閱讀優質的科幻小說或是充滿想像力的繪本，讓想法更自由與開放。

創新力

批判思考心 Critical Thinking

「批判思考心」是以理性為基礎，獨立分析事情的來龍去脈，建構清晰思路的態度。

善於批判性思考者遇到問題時能從多角度進行思考，因為許多真實世界的問題沒有標準答案，必須能夠換位思考、避免非黑即白的想法才能找到最佳解決方案。具有批判性思考能力，是職場上相當重要的能力。

批判性思考能力是可以培養的，首先是多接受不同的資訊來源，不要只接受單一管道的訊息。在大人機時代這樣的情況更加明顯，由於許多的網站會記錄我們的喜好，然後根據紀錄提供訊息給我們，只讓我們看見偏好的資訊，降低了訊息的多元性；另外，許多社群群組也有所謂的「同溫層」效應，裡頭的訊息都是某一類的資訊，造成了我們「數位視野」的窄化，這樣的情況久了會降低我們的批判性思考能力。

其次是將所獲得的資訊予以適度解構，包括：訊息來源、確切內容以及訊息背後的原因。

訊息來源可能是媒體、友人或朋友的朋友，這些訊息來源我的掌握度如何？我們知道有些特定媒體會有特定報導傾向，這時候就需要好好過濾訊息來源；如果訊息來自朋友，則朋友的可信度高低，都是我們進行判斷時需要思考的要素。

訊息的確切內容為何？是標準的事實描述、客觀的數據呈現或是主觀的意見表達？這些訊息的確切內容都要清楚瞭解才有助思考。

最後是訊息背後的可能原因，例如：特定媒體是否運用特定報導得到特定效益，或公司同仁放出的訊息與相關人員有無利害關係，這些背後的可能原因都要推敲才能更貼近問題的真相，理出更清楚的脈絡。

批判性思考目的是盡量求得理性與客觀的判斷，並且推導出清楚的脈絡結構，避免因錯誤認知而產生錯誤決策。

常用於批判性思考的訊息解構

考量訊息來源　　　確認訊息內容　　　訊息背後原因

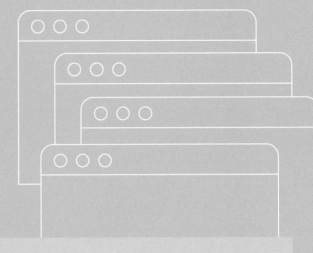

先前有一部周星馳執導的電影《少林足球》，全球賣座5000萬美元，拍攝手法相當具有創意，電影是叫好又叫座，相信許多讀者都看過此電影。有位網友發揮了無比的想像力，在批踢踢實業坊電子佈告欄杜撰了一篇文章，該文描述周星馳因為電影造成轟動，想拍攝續集《少林棒球》，卡司不計成本找來三大國際紅星成龍、周潤發、李連杰，還有「四大天王」劉德華、張學友、郭富城、黎明，另有洪金寶、梁朝偉…等大明星。此篇杜撰的文章一出馬上引起媒體大幅報導，甚至有媒體訪問職棒明星張泰山對《少林棒球》電影的看法。

只是一位愛好棒球運動的網友在Ptt想像杜撰的文章，竟在網路引起喧然大波、且讓媒體追逐報導，這樣的新聞事件可以給我們一些啟發：

- 文章源頭是Ptt上仿新聞手法的一篇文章，並不是來自周星馳常運用的媒體。

- 訊息內容是集合了三大巨星、四大天王…等重量級明星要拍攝電影。這樣的演員陣容若是事實，片商早就召開盛大記者會引發關注了，會採用Ptt發文的報導形式嗎？

- 最後是利害關係的思考，讀者要想想寫這篇文章的人有何想法？其原因為何？如此才能更貼近真相，理出更清楚的脈絡。

批踢踢實業坊電子佈告欄（簡稱批踢踢或Ptt）是廣大鄉民的出沒地，註冊人數超過一百萬人，尖峰時段可容納超過15萬名使用者同時上線。該站承諾永久學術中立，絕不商業化與營利。

批踢踢實業坊會即時將各看板資料轉換成網頁型式，其網址為www.ptt.cc/bbs/index.html，即使讀者們沒有可以telnet連線的軟體，仍可以透過瀏覽器瀏覽批踢踢資訊喔。

批踢踢實業坊電子佈告欄登入畫面

挑戰心 Adventurousness

「挑戰心」就是勇於挑戰、敢於想像、不怕失敗的態度。

我們知道「失敗為成功之母」,但多數人無法坦然接受失敗,也因為害怕失敗,所以會比較怯於挑戰,怯於挑戰的態度將不利於創新的發生。

失敗其實是最有價值的經驗,失敗的經驗會促使我們深刻省思問題所在,重新檢視不足之處,修正相關步驟或程序。所以我們從失敗中學習到的東西,遠超過從成功經驗中所學習到的。

所以不要害怕失敗,失敗帶給我們的價值,常常比成功還要高。東方社會太重視面子、太害怕失敗,其實以失敗為師會讓我們學更多 – 記取失敗的教訓,從中學習經驗,找出突破與成功的關鍵,是面對失敗最重要的事。

Jason哥參加微軟於西雅圖水手隊主場
SAFECO FIELD舉行的MVP之夜

Jason哥很喜歡看美國大聯盟(MLB)的球賽,只要您懂得欣賞最高等級的棒球競技,絕對深知打擊率可達到3成的打者,就是相當優秀的大聯盟打者。打擊率3成的含意是,10次打擊有3次會打出安打為球隊建功,但這也代表10次打擊有7次會無法打出安打。即使失敗次數遠高於成功次數,但3成打擊率仍是百年來MLB優秀打者的標準。

喬丹經典的罰球線扣籃,1987年
攝影 Paul Sakuma | 美聯社 (達志影像)

喬丹加入芝加哥白襪隊的2A球隊，1994年
攝影 Barry Jarvinen | 美聯社 (達志影像)

偉大的美國職籃NBA籃球之神麥可喬丹 (Michael Jordan) 是我的偶像，Jason哥從小就愛看喬丹打球，他的身高不比別人高，但精準的投籃、靈巧的過人動作、超強的彈跳力與經典的罰球線扣籃，因此被封為籃球之神。

喬丹吸引我的除了球技之外，還有一件令Jason哥非常佩服的決定，就是喬丹在幫助芝加哥公牛隊獲得3連霸之後，宣布離開NBA。為了完成棒球迷父親的遺願，他加入美國職棒芝加哥白襪隊的2A球隊。

雖然，喬丹的棒球表現無法讓他進入大聯盟，但給我們的啟示卻非常深遠，他告訴我們：「永遠不要喪失挑戰的勇氣。」身為籃球之神，喬丹仍以31歲之齡挑戰其它領域，而且練得比別人還要認真、不怕別人看衰。這樣勇於挑戰的勇氣，值得學習啊。

創新力

每個人其實
都有很多好點子，但是

99.99%

的好點子都停留在腦海中，
缺乏實踐心去逐步付諸實現。

實踐心 Action

「實踐心」就是將想法落實，付諸實踐的態度。

我們要記得，空想很難成為真正的力量，唯有具有實踐心，逐步地將想法落實，才能真正成為有影響力的力量。

實踐心是可以培養的，透過活動的設計引導可以培養實踐的態度。在學習過程中，要知其然並知其所以然，有效掌握相關知識然後付諸實踐。我們可以多多參加各類型活動或競賽，在活動或競賽中練習落實想法的經驗。

要有實踐的態度，才有機會把我們可貴的想法實現，才不會看到別人成功的例子時感嘆：「啊！當年我也有這樣的點子啊！」保有實踐心、將想法落實，是非常重要的創新態度喔。

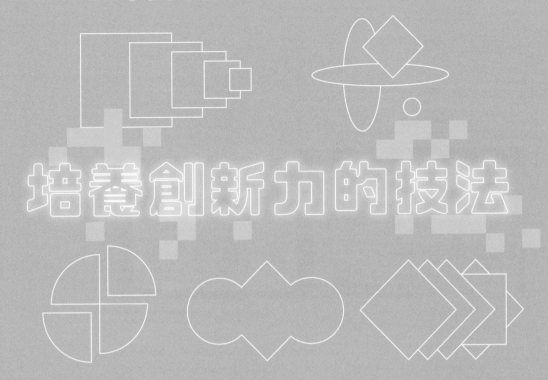

培養創新力的技法

有了創新力態度之後，
接下來介紹常用的創新力技法，
要展現創新力，就是要將創新力
態度結合創新力技法，
應用到我們想要處理的問題上。

常見的創新力技法原理，包括：
分割、組合、變形、替代與增減原理。

分割原理 Division

不分割空間的池上便當

數格分割空間的便當盒

「分割原理」是將空間或時間等事物予以分割，以產生具有新價值的新型態應用。善用分割原理，可以幫助我們找出新的應用範疇與機會。

Jason哥很喜歡吃池上便當，池上便當的特色就是米飯，香軟的米飯鋪在便當底層，上面再放較沒有湯汁的配菜，最後再加上主菜，就形成了池上便當的常見樣貌。池上便當的便當盒，多數是沒有分割的，會將所有的飯菜置於便當內。

另有另一種便當的形式，會在便當內做空間的分割，分區域放置各式配菜，優點是飯菜的味道不會互相影響，另外便當盒的強度也能因隔間而有所提升。

這兩種便當型式差別在於空間的分割方式，分割方式並沒有所謂的好壞，主要目標還是提供客人「美味」與「到味」的感受。如果不需分割就可以讓客人滿意，那就不需分割；但如果分割後有新型態的呈現方式，可以讓商品銷售更有潛力，那就應該進行分割。

透過觀察與思考，分割的技法可出現多種應用，而分割的程度並沒有一定的標準。有時我們可以用「增加分割的程度」來思考，比方說分成4格的飯盒無法完整呈現菜餚特色，那就可以考慮增加分割的程度，分成更多格的飯盒。

我們可以運用分割原理來變化空間，當然也能用來活化時間與資源

例如：會議室的使用，可以將1天的時間，分割成上午、中午與下午等時段給3個單位借用；如果需求單位更多，我們可以再把時間以小時為單位分割，使資源使用更加靈活。總之我們可以依據客戶需求與操作經驗，調整分割的單位。

片狀巧克力的溝槽設計，使消費者更容易分割分配

有時我們會預作分割以達成「簡化分割的難度」，例如片狀巧克力常常預留溝槽，讓消費者可以輕易達成分割的動作。這樣的設計讓小時候的Jason哥，總能公正輕易地分割片狀巧克力給妹妹們。

爾後，我們再遇到各式物件或資源的時候，不妨想想看，這樣的物件或資源，在空間或時間上有沒有分割的可能性？如果有，如何分割是恰當的？分割後能夠開創出何種新應用？並思考新應用能否帶來新價值。

創新力

組合原理 Combination

「組合原理」是以組合的方式將兩種以上事物予以結合，以產生具有新價值的新型態應用。

運用組合原理技法時，常會將同一場合會使用的物品來組合，例如：鉛筆與橡皮擦，組合成有橡皮擦的鉛筆。

瑞士刀也是將會用到的物品組合在一起的創造，組合時善用共同部分「握柄」，以節省多樣物品整合時所需的體積，達成高通用性與高攜帶性的設計目標。

另一種組合的想法來自不同類型的組合，並產生新的應用價值，例如迴轉壽司的概念，來自壽司吧檯和啤酒工廠運輸帶的組合，這樣的組合可有效減少人力使用，而迴轉壽司本身也成為一種受歡迎的餐飲型態。

功能多元的瑞士刀

迴轉壽司整合了壽司吧檯與輸送帶的概念

瑞典首都斯德哥爾摩的Odenplan地鐵站,為了鼓勵民眾多走樓梯、少搭電扶梯,將原本的樓梯組合鋼琴元素,變成一組超大琴鍵盤,每踏一階樓梯就會發出一個單音音符,這樣有趣的轉變讓選擇走樓梯的民眾多出66%喔!

各種物品或資源其實都有組合的可能性,端看我們的觀察與設計,只要發揮巧思,就有創新的可能。

Odenplan地鐵站的鋼琴樓梯

變形原理 Deformation

「變形原理」是以反向、彎曲、擴大等改變物品形狀的方式，來形成有價值的新應用。

在學校或機場可見的噴嘴式飲水機，其實就是反向的設計應用。我們知道水會因重力而往下流，所以只要反轉出水方向，水就會因壓縮機的壓力噴出。只要將出水口進行反向設計，不用杯子也可以喝到水了。

變形原理隱含許多相對概念，包括有無、上下、吸吹...等，這些概念都可提供創新需要的思考，例如：無菜單餐廳（有無概念）、無紙的免治馬桶（有無概念）、上下火獨立溫控烤箱（上下概念）、吸塵器（吸吹概念）、吹風機（吸吹概念）...等。

噴嘴式飲水機

變形原理形成的創新，
生活中有許多例子可以觀察，
具有創新力的態度，我們人人都有
可能成為生活發明家。

擴大與收斂概念並存的漏斗

直線與彎曲概念並存的捲尺

有特殊需求，就有創新設計的空間。記得小時候，要將大瓶的飲料分裝到小瓶中就會使用漏斗，我們會在小瓶瓶口套上漏斗，注入口一擴大，注入飲料時就不會溢出了。

生活中常見的捲尺其實也是變形原理的應用。它將原本要來測量長度的直線尺捲起來，儲存到捲尺盒之中，此種設計能避免帶著直尺的不便。

創新力

替代原理
Substitution

「替代原理」是透過不停的試驗找到替代品，以提升原本的水準。

愛迪生一生的發明超過2千種，是歷史上偉大的發明家，他對人類最大的貢獻就是發明電燈。為了找到適當的燈絲，他進行上千次的替代實驗，終於發現鎢絲是作燈絲的最好材料、成功發明燈泡，人類從此在夜間不需蠟燭煤油也能獲得照明。

現代的照明技術以LED燈為主，但在美式工業風美學的影響下，復古的「鎢絲愛迪生燈泡」正在流行，迅速進入餐廳、酒吧或喜好別緻設計者的家中。

發明家常透過持續試驗尋找替代品，替代品的思考面向很廣，包括：人、想法、時間、地點、物品…等，在創新的過程中替代原理也是經常使用的技法。

愛迪生的燈泡案例是由材料切入替代。在大人機時代，我們需要思考大數據、人工智慧與機器人在替代方面的應用可能，例如：傳統的門禁系統需要打卡或人工查驗證件，但現在可以應用人臉識別替代人工查驗，有效節省人力成本；另外，透過金融科技的支持，

復古的鎢絲愛迪生燈泡

化學感光所使用的底片

讓民眾隨時可以轉帳，替代了銀行櫃臺固定的服務時間。

在替代選擇中有時會造就新興產業，使傳統產業沒落，例如：數位相機改採電子感光元件，讓原本使用「底片」的化學感光元件產業衰退，其中代表性品牌是柯達（Kodak）。在這波浪潮中衰退的不只是大企業，原本在街頭巷尾經常看得到的底片沖洗店也大都結束營業了。

替代原理形成的創新
較可能影響整個產業，
我們需要予以關心與注意，
以掌握未來的發展趨勢。

增減原理 Plus and Minus

「增減原理」是由增加與減少兩種概念構成，藉由增減思考概念，以達到價值創新的目的。

當我們設計出良善的產品、服務、觀念或技術後，要思考還有沒有其它領域可以運用、嘗試增加應用的範疇，以解決或改善更多問題。其基本的想法就是由內而外增加應用範疇，舉例來說：

法國1936年發行的巴斯德紀念郵票

- 法國生物學家路易·巴斯德（Louis Pasteur, 1822-1895）率先於1857年，發現飲品變酸是因為微生物滋生所引起。
- 1864年，他發明了巴斯德消毒法，藉由對葡萄酒的短暫加熱以殺死其中的微生物，成功增加葡萄酒的保存期限，並且不犧牲葡萄酒的口感。
- 這項成功的巴斯德消毒法，後來應用到多種飲品的消毒，以增加保存期限與維持口感，例如：牛奶、啤酒和果汁…等。

生物學家巴斯德在紅酒領域的消毒實驗成功之後，增加技術應用的範疇、並調整相關的加熱溫度與時間，以適應各種不同飲品的特質，這項由內而外增加範疇的創新技法，相當值得我們省思與學習。

除了從自己擅長的領域向外增加應用，我們也要多多學習不同領域的解決方法，思考看看能否應用到自己的領域。

巴斯德消毒法

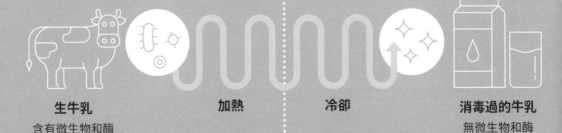

生牛乳　　　　　**加熱**　　　　**冷卻**　　　　**消毒過的牛乳**
含有微生物和酶　　　　　　　　　　　　　　　　　　無微生物和酶

縮減不必要的流程，也有機會達成高效率的創新

增加概念的另一個意涵是增加功能。完成產品、服務、觀念或技術的設計後，我們可以思考是否要增加功能，以進行跨領域的競爭，例如：

- 手機從最基本的通訊裝置功能為起點
- 延伸到提供個人數位助理服務PDA (Personal Digital Assistant)
- 接著增加數位相機與連網功能
- 現在，則再增加了各式金融服務與行動支付功能

未來手機還會配備更多和大數據與人工智慧相關的應用方式，這些不斷增加的功能會影響提供相關功能的既有產業、引發跨界競爭，最顯著的例子就是：在手機增加相機功能後，低階數位相機的市場被大幅影響。

增減原理也可藉由減少或縮小、由外而內來創新思考，以增加效率或競爭力，例如：機關組織會思考如何減少不必要的程序；或者是如何縮減經銷程序，讓商品以更優惠的價格直接賣給終端客戶，這些都是減少概念的思考應用。

縮小的概念是將產品微型化，以便於展現不同的特色，例如：大開本的書很適合閱讀，看起來很舒服；但是迷你書卻便於攜帶或展示，因為呈現不同的特色，也能吸引其他族群。

迷你書或文庫本能吸引其他族群的喜好

將產品、服務、觀念或技術納入增加或減少的想法，有時也能產生優質的創新概念喔。

常見的創新力技法，包括：分割、組合、變形、替代與增減原理，這些原理可以組合運用，也就是在一個想法或創作中，可以融入多個原理，只要這樣的創新設計，能夠產生新價值。

創新人才，
創新態度與技法兼備

光有創新態度是不足的，
需要搭配**創新技法**來落實。
光有創新技法是不夠的，
需要搭配**創新態度**來發想。
要習慣於做不同的發想，
不要只是順著原本的脈絡。

創新態度與創新技法，兩者缺一不可、相輔相成。其先後次序是
先具備創新態度，充滿好奇心、創意心、批判思考心、挑戰心與實踐心，
然後運用分割、組合、變形、替代與增減等創新技法來實踐，
就有機會成為一位充滿創新力的創新人才了！

CHAPTER 3

耐挫力

「耐挫力」
是指具有忍受挫折的能力，
是面對未來的關鍵能力。

俗話說：
「人生不如意事十之八九。」
就是說人生中十件事裡
常常有八、九件事是不如意的，
達不到我們預期的結果之後，
如何與挫折相處是很重要的
一門功課。具備不被挫折擊倒，
能夠快速調整情緒的耐挫力
是很重要的。

挫折與挫折感

每個人面對挫折的方式都不同，耐挫力的培養相當重要

我們閱讀的名人傳記，大多是描述各行各業的成功人士努力奮鬥的過程，跨不過挫折、未達到成功的故事就不太會被記載，我們也就看不到了。

挫折與挫折感是不一樣的。挫折像是未達成目標前的困難與挑戰，是外在的客觀狀況；而挫折感則是一種目標無法達成的悲觀情緒，是內在的主觀感受。

發生挫折，未必會衍生挫折感。一個心理強健、懂得排解的人，即使發生挫折，其挫折感也相對輕微；不懂得排解的人會產生比較沈重的挫折感。

挫折感很可怕，會讓人沮喪、難過與退縮，越能妥適處理挫折情緒的人，其內心愈堅強。

挫折有大小之分，所以挫折感也強弱有別。小挫折可以幫助人們學習經驗，提高問題解決能力，也就是所謂的「不經一事，不長一智。」而大挫折可能會造成人們一蹶不振，往往需要很長的時間調適，或追求其他目標來轉移情緒。

挫折不可怕，可怕的是挫折感無法調適，如果長期無法調適情緒，還可能引發種種身心疾病。Jason哥也經歷過不少挫折，也難免失望、難過、痛苦甚至自責。但難過1天就好，我總是樂觀以對，儘快調適心情、學習經驗、調整節奏來面對人生的種種課題。

我們常常在學習成功人士的經驗，但成功經驗是很難複製的，還不如專注在培養面對挫折的能力，讓我們可以在人生的道路堅定前進，相信有朝一日總能達成目標的。

耐挫力

培養耐挫力的方法

每個人都會遇到挫折，培養耐挫力可以幫助我們以健康態度與穩定心情面對挫折。培養耐挫力的方法如下：

閱讀增加視野與涵養

深刻領悟生命時，我們的心會變得有厚度與溫度。這時我們對於挫折的看法自然有不一樣的層次，也能以更寬廣的心面對挫折、調整情緒、走出挫折感。

想領悟生命、讓心富有厚度與溫度，最好的方法就是閱讀。

閱讀最大的優點在於可以透過作家的筆觸來看世界，即使沒有實際接觸經驗，但透過作者的描述，我們多少能體會所述情境，進而增加視野與涵養。所以我們平時就應多多閱讀各領域的書籍，培養閱讀的習慣。

Jason哥很欣賞《45%的天堂》這本書，書中描述兩位高科技產業的專業經理人，在如日中天時選擇急流湧退、放下一切，前往西藏的阿里荒原，那裡的氧氣濃度只有海平面的45%，這兩位專業經理人把他們在這裡的故事寫成了書。

看完此書，即使當時我還沒有去過西藏，倒也對西藏有了些許的認識。也因為閱讀此書，讓Jason哥想要前往西藏，欣賞那裡的純淨與美麗。後來我有個機緣到西藏旅遊，親身感受了山之高、天之藍與湖之清澈，呼吸了45%的空氣。

幾乎毫無污染的
西藏，好美。

養成閱讀的習慣，人生將因書而豐富。不要只看自身專業領域的書，多看些文學、藝術、旅遊、攝影、心理、勵志…各類型的書，這樣會提升我們的視野與涵養，讓生命有更多能量喔。

Jason哥於西藏布達拉宮
前克服高山症跳拍

西藏西部的阿里荒原

耐挫力

預先設想最壞的情況

1.
美國心理學家馬丁·賽里
格曼 (Martin Seligman)
於1967年,以狗為實驗對
象,進行了電擊實驗。實驗
的進行方式為,當電擊信
號音響起時籠子會放出電
流,一開始狗會東跑西跳
想尋求出口。當經過多次
響音放電之後,即使把籠
子的門打開,狗也不會想
逃跑,因為此時的狗已放
棄反抗,進入一種認為自
己再怎麼努力,也無法改
變結果的狀態,此種無助
的心理狀態,稱之為習得
性無助。

挫折與後果往往讓人產生消極的心理反應,尤其在突然發生意外之後。如果在挫折來臨前就先做好心理準備,設想最壞的情況,當最壞的情形發生時就不至於無法面對,也就是先打「預防針」的概念。

人生多數的挫折,其發生時間是可以預期的,比方說:參加升學考試或應徵工作,都可以在放榜前為自己打預防針,想清楚不幸落榜時要以什麼樣的心情面對。

只要有先設想最壞的狀況,挫折感才不會那麼巨大。最怕的情況是充滿信心卻誤判情勢,此時打擊就會非常重。因此我們對於自己面對的主客觀情勢要有一定掌握,避免期待與結果有重大落差。

經濟情勢不好時,找工作有時會變成很辛苦的事情。Jason哥有位朋友人蠻善良的、學歷也不錯,但個性比較內向、年紀也大了些,所以找工作一直很不順利,送出履歷表後常常沒有下文。即使有第2階段的面試,因不善言談也都沒有結果。久而久之他開始懷疑人生、挫折感愈來愈重,陷入一種「習得性無助」的狀態,認為再努力也無法爭取到工作。最後,他被挫折感淹沒,放棄找工作。

當我們遇到關卡時,要先設想最壞的情況,強化自己的心裡建設,打下「預防針」。

這種持續性挫折造成的挫折感也會很重,就像是釘釘子到木頭裡,輕輕敲只會進去一點點,但多次輕敲則會將釘子深深釘入木頭,要拔出來是相當費力的。

因此當我們遇到關卡時,要先設想最壞的情況,強化自己的心裡建設,打下「預防針」。但當挫折一個接一個出現時,則需要考量自己對於挫折的忍受力,當無法承受挫折時,需要轉而尋求其它道路或機會,不要陷入情緒的死胡同。

用心交友擴大生活圈

人生活於天地間，朋友是非常重要的環節。少了這個環節，不僅少了許多人脈資源，更重要的是視野也較難開展，遇到挫折挑戰時少了可以討論的對象，會讓人覺得更加孤單。

家人很重要，需要好好珍惜與維持，這是毋庸置疑的。少子化的當下，許多人都變成了獨生子或獨生女，兄弟姊妹變得很少，甚至沒有，遇到事情要討論時往往是找朋友。

朋友真的很重要，過去社會如此，在大人機時代亦是如此。要交朋友，更要選擇交何種類型的朋友。孔子在《論語》中告訴我們「益者三友，友直、友諒、友多聞」，就是建議要多多結交正直的朋友、信實的朋友與見識淵博的朋友，會讓我們的人生受益無窮。

我們希望結交正直、信實與見識廣博的朋友；同樣的，好的朋友也會以這樣的標準看待我們，所以自己也要具備這些特質，才會產生正向的友情力量。在擁有幾位知心好友之後，遇到挫折時會多了幾位可以交心討論的對象，即使再不如意也有人可以聊天、安慰與鼓勵，無形間也增加了我們忍耐挫折的能力。

Jason哥有群來自各行各業的好朋友，有藝術家、醫師、董事長、音樂家、珠寶家、餐廳老闆…等。大家個性正面，每個月固定聚會總是開心盡興，具有強大的療癒效果，讓人充滿豐沛的正能量。

大方宣洩自己的情緒

有種汽笛式熱水壺，水燒開的時候會發出響笛聲提醒。Jason哥常以氣笛式熱水壺比喻挫折與挫折感－火爐的火不斷加熱、水溫不斷上升，這個火就是挫折，而水溫就是挫折感，當達到沸點時就是挫折感到了頂點，人快崩潰了。

水開了，也就是當壓力爆表的時候，我們怎麼辦呢？只有兩種辦法，一種是把火關掉，另一種是把蓋子打開。把火關掉，意即不再產生挫折，這需要轉換目標與預期才能達到；把蓋子打開，是把壓力宣洩掉，讓自己的情緒有出口。

每個人宣洩情緒的方式不同，有人靠吃美食來放鬆，有人靠運動來解壓，也有人靠瑜珈來調整情緒。但不管怎樣，壓力出現時就大方勇敢地宣洩自己的情緒，找一個適合自己的方式，可不要讓挫折感的響笛一直響啊。

把壓力宣洩掉，
讓自己的情緒有出口。

面對它，接受它，處理它，放下它。

改變引起挫折的情境

挫折來臨時，除了找方法宣洩自己的情緒，主動去改變引起挫折的情境，也是相當有效的方法。

挫折發生總有些原因。如果是企業內部因素，可以調整工作團隊，重新擬定發展策略，減少工作環境中的不利因子，讓工作團隊恢復活力以突破困境；如果是個人健康因素，那要積極與醫生合作，改變引起身體問題的不良習慣，增加提升健康指數的好習慣，將生活情境和心情調整好，就有可能恢復健康。

逃避是不能解決問題的。當到困難、引發挫折感的時候，更是不能逃避，要面對問題，才能解決問題。如果我們選擇了逃避，我們會變得軟弱、變得更加消極，而且會產生許多負面情緒。

Jason哥常常面對許多問題，也會產生想逃避的情緒。還好有法鼓山聖嚴法師的自在語「面對它，接受它，處理它，放下它」，讓我產生想逃避的負面情緒時，可以重新振作、提起面對問題的勇氣，依照這4個步驟來處理問題。

這12個字寫起來很簡單，但做好卻不容易，需要強化自己的心態－遇到問題，坦然面對，主動改變引起挫折的情境。這是人生的正向態度，持之以恆地實踐會讓我們發現「面對是解決問題的不二法門」。

耐挫力能幫助我們以健康態度與穩定心情面對挫折、不被擊倒，有時還能夠愈挫愈勇喔。

耐挫力

只要懂得轉彎，出口永遠都在

耐挫力

任何的挑戰
都是一道牆

人生就是由挑戰組成，人也在成功或失敗的經驗中成長。剛出生的嬰幼兒就是要長高與長胖，小朋友每次去醫院健康檢查，第一件事就是量身高體重，瞭解小朋友的身高體重是位於同年齡小朋友的哪一個位置，換言之就是PR值 (百分等級)為多少？

人從出生就開始比身高體重，幼稚園比ㄅㄆㄇ與ABC，小學比才藝，國中比成績，高中比學校，大學比學校與科系；出了社會比的是收入、地位、公司、車子與房子；中年以後又會比孩子的發展。

雖然不想比，但是只要是有人的地方很自然就會被比較、被排序，選學校要依成績排序，找工作要依能力排序，只要排序就有壓力。挑戰可說是一波接一波，逃也逃不掉，每個人都需面對。

卡內基美隆大學計算機科學系蘭迪·鮑許(Randy Pausch)教授曾說 "Brick walls are there for a reason: they let us prove how badly we want things." 也就是所有的困難與挑戰，其實都是我們展現有多想達到目標的機會，那道牆阻擋的是不夠渴望的人。

Randy Pausch教授因胰腺癌於2008年過世，得年47歲，可以說是英年早逝。2006年他被醫生宣告罹患胰腺癌，2007年8月被醫生說可能只剩下3到6個月的生命，同年9月他進行了「最後一堂課：如何實現兒時夢想」演講，不斷提到「執著」的重要性－重點不在如何實現夢想，重點在「如何無悔地過人生。」

任何的挑戰都是一道牆，那道牆阻擋的是不夠渴望的人，只要我們持續朝著目標前進，總有一天有機會達成夢想。

2.
PR值為將全體人數依選定標準排序後，均分成一百等分，每個人的數值在全體中會落入某一個等分中。假設全體有100個人，PR值為87的人，代表他贏過87位，輸給12位，再加上自己剛好100位，如果人數不是100人，則依比例調整每一個等分的人數，例如，總人數為192,804人，每個百分等級約包含了1,928人。

3.
Randy Pausch相關影片可在卡內基大學官方Youtube頻道觀賞，也可搜尋網友中譯版本。

佛州迪士尼樂園選擇在「三月兔和瘋帽子先生的下午茶派對」
紀念Randy Pausch教授，他曾與迪士尼合作進行幻想工程計畫WDI
(Walt Disney imagineering)

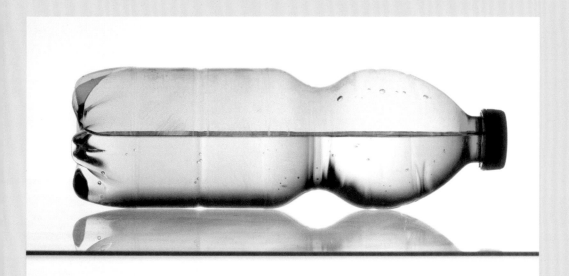

態度不同,看待水位高低的感受就不同

樂觀態度是耐挫關鍵

人一生會遇到許許多多的事情,態度是能否忍耐挫折的關鍵。因為上天發給我們的牌已經固定,我們只能決定以什麼樣的態度來面對。

有句話說:「快樂是一天,難過也是一天,何不快樂過每一天呢?」的確,當我們以快樂的心情面對挫折時,我們的耐挫力無形中也會增加,因為樂觀的人會獲得更多力量。

有個看待半杯水的小故事,樂觀的人覺得:「Yes,還有半杯水!」悲觀的人覺得:「Oh no,只剩半杯水了!」樂觀與悲觀的人看待事情會有不同角度,也會產生不同結果,樂觀是很重要的態度。

生活態度對於健康的影響很大,哈佛大學的研究指出:「樂觀的人比較長壽與健康,因為他們常常會透過運動、健康飲食或充足睡眠來改善情緒,避免長時間處於低迷的狀態。」[4]

樂觀的人習於感恩剩下的部分,對於擁有的部分特別珍惜;而悲觀的人習於抱怨失去的部分,總是覺得好像誰虧欠了什麼。我們應該多以樂觀正面的態度來解讀事情,即使只有半杯水,仍是值得珍惜的。

人生短短幾個秋,很多事情不必太計較。放寬心情、笑看人生,樂觀態度將帶給我們堅強的心來面對各種事情,提高我們的耐挫力。樂觀態度會讓我們更知足惜福,擺脫不良情緒對身心健康的影響。

4.
Eric S. Kim, Optimism and Cause-Specific Mortality: A Prospective Cohort Study, *American Journal of Epidemiology* (Jan., 2017)

耐挫力

提升樂觀態度的方法

樂觀不是一種性格，它是一種能力，樂觀態度
是能夠提升的，也就是讓我們多點樂觀的態度，
少點悲觀的想法。以下建議幾種常用的方法，
幫助我們提升樂觀態度。

回想快樂的事情

我們不可能每天都很快樂，但我們可
以練習讓快樂在心裡久一些，讓悲傷
的時間短一點，所以要記得將快樂的事
情記錄下來，並放在方便我們取得的地
方，例如：將家人出遊的照片洗出來放
入相框、將得獎的照片布置在家裡、摸
彩抽到的紅包（可保留紅包袋記錄好
運）…等，讓這些快樂的事情在我們的
周遭出現。

安排想做的活動

別讓生活充滿應做的事情，也要安排一
些想做的事情，例如：上健身房、晨跑、
看想看的書、陪孩子玩遊戲、去想吃的
餐廳用餐、看場電影…等，安排想做的
活動會讓我們對於生活多一些期待。

用相片記錄美好回憶，是讓自己快樂的秘訣之一

用心理解他人需求，細心規畫作法，施比受更有福

多多幫助與讚美周遭的人

有一句話叫做：「助人為快樂之本。」幫助他人往往能讓我們獲得好心情，覺得有貢獻與存在價值。有一次，Jason哥與一群微軟MVP好友帶了小禮物到育幼院與小朋友互動，向他們介紹一些科學常識、玩些小遊戲，讓小朋友感受到有人關心他們。

活動前我們先討論、規劃、準備相關物品，再花了一整天的時間進行活動，過程有些辛苦，但活動後感到很溫暖與開心，真的是「施比受更有福」。

我們無法選擇生活的際遇，但我們卻能選擇以樂觀態度看待人生，安排自己想做的事情，讓生活裡多些快樂回憶。另外，多讚美幫助周遭的人也能提升我們的樂觀態度。

提升逆境商數
的方法

**逆境商數AQ(Adversity Quotient)
是指人在面對巨大挫折時的處理能力。
AQ一詞由保羅·斯托爾茲Paul Stoltz
博士提出－AQ高的人具有
良好的環境變化調整能力，
面對挫折與困難可以展現韌性、
尋求解決策略，具有脫離困境
和解決問題的能力。**

**一般挫折難以驗證個人AQ的高低，
愈是困難的時刻愈可以看出
一個人AQ的高低。
AQ是成功的重要因素之一，
許多成功人士的AQ都非常高，
因為他們總是能忍受極大的挫折，
並尋求突破困境的方法。**

AQ是可以提升的，常用的方法如下：

解決困境，減少抱怨

困境出現時難免會怨天怨地，抱怨老天怎會如此待我，實在是很倒楣。其實當困境發生時，把情緒宣洩完後應該回歸到問題解決，減少抱怨，尤其要避免持續性的抱怨。

Jason哥有位朋友AQ相當低、負面情緒很重，經常在抱怨各種事情，有些事情其實都已經事過境遷了，但他老兄還是一直耿耿於懷、持續抱怨，抱怨到後來連朋友都沒了。減少抱怨，專注在問題的處理上，會讓我們在面對逆境時更沈得住氣，把事情處理得更好。

面對事情，正向解讀

每件事情都有優缺點，再壞的事情也可能找出優點。比方說，業績不佳被公司解雇，這樣的困境發生肯定讓人心情很糟糕，但誰知道下一個工作不會更好？但如果被負面情緒打敗、懷憂喪志，那未來的機會就真的沒了。

知名歌手伍佰做過的工作很多，例如：拉保險、擺地攤、賣雜誌⋯等，全部都不成功，但伍佰持續尋找自己的舞台，終於讓他發揮演唱天分成為知名歌手，創作無數動人的歌曲。

當我們想要
有所突破的時候，
壓力也就會出現

知名歌手伍佰 | 攝影 Moon.light84

只是失利,不是失敗

面對困境的態度很重要,態度不對會陷入真正的人生失敗;態度正確會讓困境只是失利、不是失敗。

亞洲唯一兩度獲得奧斯卡金像獎「最佳導演獎」的李安導演,其實大學聯考曾經落榜兩次,後來才進入專校影劇科就讀。儘管面臨落榜的逆境,但李安在人生的道路上並沒有被擊垮,後來更找到興趣,成為全球知名的導演。所以不要把困境當失敗,塞翁失馬焉知非福,只要好好面對與處理,都有機會能「逆轉勝」喔。

Jason哥有一句座右銘,叫做:「我喜歡挑戰與伴隨挑戰而來的壓力!」當我們想要有所突破的時候,壓力也就會出現,以正向、不抱怨的態度來面對,我們就有機會突破逆境和挫折,成就更好的結果。

亞洲唯一兩度獲得奧斯卡金像獎「最佳導演獎」的李安

耐挫力

CHAPTER 4

執行力

日本軟銀公司
董事長孫正義說：
「三流的點子
加一流的執行力，
永遠比一流的點子
加三流的執行力更好。」

一語道出了執行力的重要，
再好的點子，
沒有好的執行力，
一切都是空談。

執行力

企業執行力就如電路，
每個環節都要順暢才能讓創意發光

沒有執行力，一切都是空談

「執行力」是指完成設定目標的實作能力。執行力非常重要，對於個人或是企業都是如此，缺乏執行力與自律，所有的點子都無法實現。

企業由各個部門所組成，各部門由許多員工合作，當某個環節缺乏執行力時，會造成企業整體執行力的下滑。因此，企業應當讓員工具有執行力的觀念與作法。當員工有執行力之後，部門自然有能力達成目標，進而提升整個企業的執行力。

個人即使有再好的點子，缺乏執行力去落實就是枉然；企業即使有再好的發展策略，缺乏執行力去落實也是枉然。

個人有好的執行力，對於公司的要求能夠落實，其實代表這個員工是比較有競爭力的；企業有好的執行力，能夠按照發展計畫確實執行各項業務，這樣的企業是有競爭力的；執行力就是競爭力，培養與提升執行力，是不容忽視的事情。

培養執行力的方法

執行力是一項可以透過後天培養的能力，只要觀念正確，方法適當，人人都可以培養執行力，提高競爭力。

事情不做是不會消失的

其實，每個人遇到工作或多或少會有些逃避的心態，尤其是工作量大作業時間卻很短的時候。此時，面對事情的態度就很重要，以正確的態度來面對事情，會讓我們產生力量，儘速面對要處理的事情。

當Jason哥產生逃避的心態時，我就會用一句話惕勵自己：「事情不做是不會消失的！」每次我拿出這句話對自己說時，很奇怪，真的又產生面對的力量，可以把心境再放到要處理的事情上，頓時又充滿一些力量，很神奇吧！

建立面對事情的正確態度，確實戒除拖延的壞毛病，心態正確才能產生力量，事情不做是不會消失的，現在就把每件該做的事排出來面對吧！

專注在該處理的事情上

生活在大人機時代，訊息快速地在各個社群平台上流竄，每天一睡醒就需要處理大量的訊息，所花的時間是以小時計。這還不打緊，最干擾工作效率的狀況是，這些社群平台整天都有朋友在分享大事、小事、雜事、八卦、美食、美景…等，各類型的訊息隨時會進來，這些突來的訊息其實會嚴重干擾我們的工作節奏。

有些訊息是朋友之間的分享，與工作的關連性不高，比較不具有急迫性，但有些訊息是客戶、同事或主管的訊息，如果「未讀」的時間拉太長，恐怕會影響我們的工作態度與觀感。

為了要專注在我們所處理的事情上，不被社群訊息干擾得太嚴重，以及避免太長時間的「未讀」，影響我們的社群關係，我會建議在處理事情的時候，要有「上工 (On)」與「下工 (Off)」的「切換 (Switch)」概念。

上工時要把情緒放入工作之中，「全神貫注」4個字是非常好的形容詞，也就是進入「心流」的狀態。要達到這樣的境界，不被「實質干擾」是很重要的，而社群訊息就是一種實質干擾，因此上工時暫時停止查看所有的「社群平台通知」，是幫助我們專注的重要動作。

上工狀態有分「工作日上工」與「假日上工」兩種：工作日上工時，每次進入上工狀態的時間不宜過長，以免造成久未查看訊息的情形，時間大概是1小時左右；而假日需要上工時（雖然有點悲慘，但還是難以避免），可以把上工時間拉長到2～3小時，之後再查看訊息。

有上工，就有下工，下工的時候就是盡情地去做想做的事情，包括：去朋友的貼文上按讚、喝杯好咖啡、做伸展操、大叫幾聲、散步走走、踩腳踏車運動…等，以鬆緩上工的專注情緒。

從上工到下工的狀態，叫做「Switch Off」，從下工到上工的狀態，叫做「Switch On」，這個「On」與「Off」之間的轉換能力，練得越好的人專注能力越高，能夠很快進入高效率的狀態，也能夠很快進入徹底鬆緩狀態。一般而言，能夠順暢轉換的人，其相對的效率與執行力也會較好。

執行力

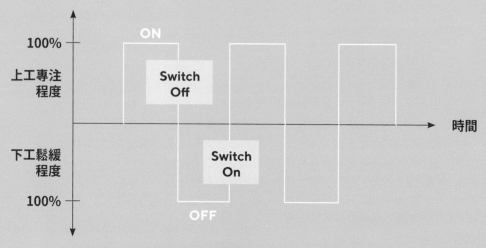

上工與下工的理想switch示意圖
當Switch On與Switch Off轉換很順暢時,會很快進入專注與鬆緩的狀態,其呈現的型態會很像數位電路的數位波形,瞬間就可以在專注與鬆緩間切換。不過這是理想境界,不是一般人做得到的。

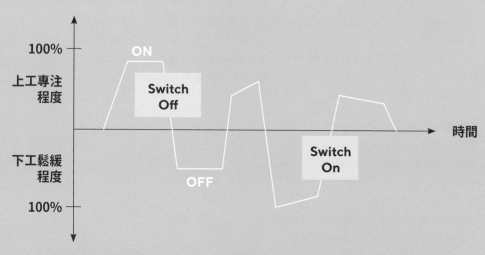

多數人的上工與下工Switch示意圖
一般人的專注程度很難達到100%,而鬆緩的程度也很難達到100%,而且每段上工或下工的時間,其專注與鬆緩程度也會有所變化。圖為多數人的狀態示意圖,總是有高有低。

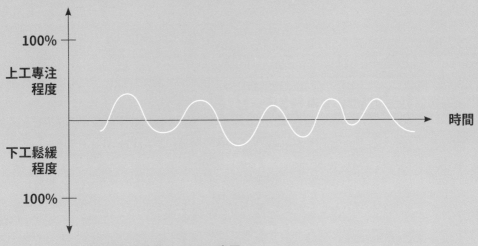

上工與下工不分的Switch示意圖
最怕一種狀態，無法專注、也無法鬆緩，上工不像上工，下工也不像下工，整天不
上不下，整個圖形就會像振幅很小的類比電路圖了。

把心神專注在眼前處理的事情上，等事情完成相關作業後，再處理下一件事，如此會有比較高的效率與執行力。

有一種人該專注的時候很專注，該放鬆的時候很放鬆，不會在該專注的時候很想玩，或是在玩的時候老想工作的事情。這種人就是所謂的「能K能玩」，不管工作或休息都能很投入，其轉換節奏的能力很好。

我們要學習專注在要處理的事情上，掌握專注與鬆緩的節奏，以有效率的方式來轉換可以提高我們的執行力，完成設定的工作。

另外建議在上工工作時，一個工作段只處理一件事情，比方說打一個工作報告時，就不要同時處理其他案件，不

要看網路新聞或收email來回信，這樣會造成干擾與分心。要把心神專注在眼前處理的事情上，等事情完成相關作業後，再處理下一件事，如此會有比較高的效率與執行力。

請各位讀者記住每次進入專注狀態的感覺，那可能是一種達到心流的境界。爾後上工時，以相同專注的感覺進入工作狀態，就能夠較迅速進入高度專注期，提升作業的效率、增加執行力。這種轉換能力，只要多多練習，掌握度將會越來越好喔。

布置適合的工作環境

每個人適合的工作環境不一樣,適合的工作環境可以提升我們的工作效率,對於執行力提升很有幫助。

許多人的主要工作環境是在公司,我們能夠布置的環境就是那塊隔間與桌面,由於空間有所限制,或是公司文化有所要求,我們能夠改變的地方有限,大多只能放置一些療癒小物或是重要參考資料。

在這種情況之下,Jason哥建議要避免放置會擾亂心神的物品,需要使用的物品盡量放在固定位置,在桌面上預留放置需處理的專案資料空間,其他的區域就盡量保持整齊。切記不要過於雜亂,因為把力氣花在找東西上面是完全沒有生產力的。

除了上班時的工作環境外,回家後的學習與閱讀環境布置也很重要。畢竟,學習與閱讀是厚積個人實力很重要的事情。

家裡的工作、學習與閱讀環境布置,範圍可大可小,可以含有工作的功能,或是單純的閱讀使用。如果家裡的環境比較難更動,現在有越來越多的書店轉型成提供咖啡的閱讀空間,以滿足許多現代人的工作、學習與閱讀環境需求。

有時去逛逛外面的書店,吸收優美閱讀環境的養分,看看精彩豐富的好書,會讓我們有充電的感受,執行力也會提升。

要發揮工作效率，提高執行力，適合的工作環境是很重要的！

執行力

我們可以依據自己的狀況，
來設定與調整進度，透過
逐步完成階段性目標的方式，
一步一步實現目標

設定目標並確實執行

俗話說：「沒有目的地的船，永遠到不了終點。」設定目標是很重要的。有目標，我們才知道要前進的方向，也才能擬定步驟，逐步踏實。在《52周圓夢計畫》一書中，作者維克‧強森（Vic Johnson）提出的第一個關鍵任務就是「設定目標」，在書中指出依據美國哈佛大學的長期研究，社會上最成功的那群人，通常會思考未來10年或20年的方向，並訂定相關的決策與步驟。

目標的類型有很多種，有工作的業績目標、馬拉松路跑、托福成績、減重或改變世界的遠大目標...等不一而足。只要設定好目標，一定可以把目標步驟化，分割成幾個階段性目標，並且擬定相關步驟。

比方說要實現一年後跑一場全程馬拉松（42公里195公尺）這件事，它可以切割成2個階段性目標，首先是在6個月內完成10公里的路跑3次，接著是在6～12月內參加3場半馬比賽，最後則是在1年後參加全馬的挑戰。

此例中，將全馬目標切割成「10公里」與「半馬」2個階段性目標，同時也需搭配不同的練習步驟，在挑戰10公里階段以練跑5公里左右來準備，在挑戰半馬階段以練跑10公里左右來準備，當2個階段性目標都達成的時候，就有能力挑戰全程馬拉松了。

所有的目標都能切割成較小的階段性目標，我們可以依據自己的狀況，來設定與調整進度，透過逐步完成階段性目標的方式，一步一步實現目標。在實現目標的過程中難免會有落後或怠惰，這些狀況都要很真誠地面對，並保持動力進行滾動式調整，往更好的方向進步。要記得，目標與步驟並不是訂了就不改動，在進行的過程中，需要依狀況進行調整。

另外，設定目標與執行步驟之後就把它寫下來，確實完成一個「目標計畫表」，定期檢視自己是否有按照規劃的步驟來執行，過程中如有超前或落後的狀況，可以即時調整。當我們完成階段性目標的時候，不要忘了給自己一些鼓勵，以激勵自己持續前進，Keep Going直到目標得手！

設定目標5步驟實現法

目標與步驟並不是訂了就不改動，在進行的過程中，需要依狀況進行調整。

執行力

做好時間的管理運用

每個人一天都是24小時，即使是世界首富比爾蓋茲(Bill Gates)也是如此，這是上天對每個人最公平的事情，每天的時間都是一樣。

「累積」是一件重要的事情，也是一件可怕的事情。好的事情不斷累積，就會成為一種實力，成為一種資產，這樣的累積很有價值。美國NBA職籃最有價值球員史蒂芬·柯瑞(Stephen Curry)，在2015~16賽季帶領金州勇士隊拿下NBA總冠軍，並且成為NBA史上最有價值球員MVP票選，獲得全票通過的球員，柯瑞的特大號三分球總是讓人驚嘆，也創下許多NBA的紀錄。

柯瑞是NBA史上三分球出手最快的球員，只需要0.39秒，比NBA的三分球平均出手時間0.54秒快了0.15秒，這個速度讓防守的球員挫手不及。柯瑞的出手速度能這麼快不是從天而降的能力，而是不斷練習、長期累積的結果。

有時「累積」會變成一件可怕的事情，每天浪費2小時在毫無意義的事情上面，一天浪費1/12的時間，那一年就是浪費了一個月的時間，這種浪費時間的累積是影響執行力的關鍵。

因此，做好時間管理、把時間花在重要且該做的事情上，讓時間的運用更有效率，是增加執行力的重要方法，以下分享做好時間管理的5步驟。

美國NBA職籃史上第一位無異議通過的最有價值球員Stephen Curry

人不可能同時身處兩地，
時間是有價且要計算成本的

1. 理解時間的價值

時間管理的第一步是理解時間是有價值的，切勿浪費時間，因為每分每秒都是過了就不會回來，錯過就不在了。因此安排活動時，要將時間成本考慮進去，再做全盤的考量。

比方說有人請您去演講，2小時4000元，但演講地點是在偏遠的地方，您的交通時間來回要花8小時，也就是一整天的時間，那這樣的鐘點費平均下來，就只剩400元了，那這樣的演講值得出席嗎？

但如果這個演講可能帶來後續的合作機會、拓展重要的人脈，或是可以幫助到偏鄉的弱勢小朋友，那這場演講即使沒有鐘點費也應該參與。總之，要將時間成本納入全盤考量的要素，瞭解時間是有成本的，千萬不要浪費時間。

2. 劃分工作的類型

時間管理的第二步可以運用「四象限法」，把工作依照「重要」與「緊急」的程度來分類，再來安排工作的時間。

重要

象限II 重要但不緊急	象限I 重要且緊急
此類事情最容易被忽略，例如：拓展人脈、提升語文能力、陪伴親人、建立標準作業流程…等。	例如：交通公司發生交通事件、報名截止日期已到、學校發生性平事件、公司發生財務危機、工地發生公安事件…等，發生這類型事件當然要馬上處理，由於緊急性的關係，想不馬上處理也不行。

不緊急 ← → **緊急**

象限III 不重要且不緊急	象限IV 緊急但不重要
這種事情就像雞肋，食之無味棄之可惜，例如：無建設性的閒聊、缺乏意義的會面、客套的早安問安…等。	此類事情必須回應但缺乏重要性，例如：門鈴響起、突然來訪的訪客、電話鈴響…等。

不重要

對於不同類型的事情予以分類之後，我們可以把時間分配到重要但不緊急的事情上。因為事情不緊急，我們常常會延後處理，但其實這類的事情是需要花時間慢慢培養經營，才有可能厚植實力或者避免發生危害的，例如：提升語文能力或建立標準作業流程。

另外，對於不重要且不緊急的事情，就盡量交給代理人去執行就好了。緊急的事情當然要馬上處理，但當同時發生多件緊急事件時，要以重要性高的緊急事件優先處理，不要本末倒置了。

3. 設定工作投入時間

時間管理的第三步是設定工作投入時間。雖然事情並不緊急，但為了提升工作效率與執行力，還是要設定工作投入時間與完成期限，而不是依照自己的心情很隨意地進行。不管是哪一類型的事情，都應該設定投入時間，才能有效提升執行力，否則可能出現只需要花2個小時即可完成的工作，在沒有設定投入時間的情況下，花了一整天來進行。

4. 詳細記錄時間日誌

時間管理的第四步是詳細記錄時間日誌，藉此來檢視我們運用時間的狀況，以及用以瞭解我們設定的投入時間是否妥當。記錄的方式需要相當詳細，其項目包括：睡眠、早餐、通勤、上工、會議、午餐、聊天、上網、購物、逛街…等，以確實瞭解有沒有浪費了時間，還有哪些時間可以節省下來，哪些項目需要花比較多的時間。當找到浪費時間的項目後，就可以想辦法節省該項目所花的時間。

5. 保持動力滾動修正

時間管理的第五步是維持我們的時間管理動力，當發現設定的工作時間不妥當時，就是予以調整修正。在整個時間管理過程中，並不是每天要過得膽顫心驚，計時計到分秒不差，這些想法或動作，只是要幫助我們正視時間的重要，不要虛度光陰啊。

理解
時間的價值

▼

劃分
工作的類型

▼

設定工作
投入時間

▼

詳細記錄
時間日誌

▼

保持動力
滾動修正

設定目標5步驟實現法

把時間當作寶貴的資源，以確切的
步驟把精力投入該進行的工作上，
並不斷檢視自己是否有善用時間，
隨時調整修正，就是時間管理的精髓。

把完成變成一種習慣

俗話說：「命好不如習慣好！」養成好習慣對於人生真的很重要，建立好的習慣可以幫助我們達成很多事情，比方說早上4點起床，利用清晨最安靜的時刻專心思考與寫作，發揮最高效率。當一個「晨型人」，等於多一個半天來使用，這樣的習慣對我們而言就非常有益。

在《習慣的力量》一書中，作者查爾斯·杜海格（Charles Duhigg）提出根據美國杜克大學的研究，人們每天的生活約有40%的行為受習慣主宰，如果我們把一件事變成習慣就會產生力量，就有機會改變人生。

那要養成好習慣，我們需要具備何種認知與態度呢？

釐清要建立習慣的原因

首先我們需先釐清究竟為何要建立這個習慣，找出要建立這個習慣的真正原因。釐清真正原因後，可以由心產生動力，讓我們建立習慣。

例如：當一位晨型人這件事，需要能夠找出產生起床動力的原因，可能是早起寫作、靜坐、思考或是運動，找出自己需要建立這個習慣的真正原因，從內心深處出發，支持我們前進以建立習慣。

逐步調整建立習慣

習慣的養成不是一蹴可及，需要長時間漸進，並且在過程要不斷激勵自己以持續精進，最後養成習慣。

例如：在設定早起目標的時候，不要一開始就設定4點起床，比較適合的作法是先設定5點30分起床，當晨起成功率達到8成的時候，再把時間提前15分鐘，以這樣漸次調整的方式，最後達成4點起床的目標。在調整過程中，當完成階段目標時，不妨在社群平台分享自己的改變，也可以把晨起所做的事情分享給朋友，像Jason哥常常分享晨起跑步的照片，通常都會得到朋友們的支持與鼓勵，這些力量就會成為支持我們建立好習慣的力量。

感受習慣帶來的轉變

當一件事情變成習慣的時候，你做這件事就不會覺得辛苦，而是一件非常自然的事情。

感受習慣帶來的轉變後，會更加深化我們的習慣。例如：運動變成習慣後，進行運動是很自然的事情，不運動反而不自在，這就是習慣帶來的轉變。有人養成閱讀的習慣，每個月固定會閱讀幾本書，閱讀對他而言是非常舒服自然的事情，沒書看就渾身不自在。大部分的人都有睡前刷牙的習慣，如果要不刷牙就睡覺，那就會很不習慣、甚至會睡不著，這就是習慣的力量。

找到早起的真正原因，更能持之以恆

執行力

感受習慣帶來的正向轉變，也是協助我們維持好習慣的方法

把事情確實完成也能夠變成一種習慣，這種習慣是可以養成的。現代人有很多事要處理，也有很多的想法想實踐，但總是有許多事情牽絆，使我們無法完成許多想實現的事情。如果我們可以把完成變成一種習慣，那我們將可以終身受益。

當我們有一些想法想要實踐的時候，不要只有想，再怎麼想這件事都不可能實現。我們可以把想法寫下來，擬出執行步驟，把事情逐步完成，累積完成的經驗。在累積很多實際完成經驗之後，完成就會變成我們的習慣。如果達到不把事情完成，就會感到不自在的境界，那完成就變成我們的習慣了。

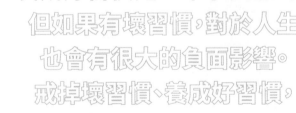

「命好不如習慣好！」
養成好習慣是一輩子受益的；
但如果有壞習慣，對於人生
也會有很大的負面影響。
戒掉壞習慣、養成好習慣，
把完成變成一種習慣，
會增加我們的執行力，
也會對我們的人生很有幫助。

CHAPTER 5

合作力

「合作力」是指與人
溝通、表達與共創的能力。這個能力
是許多企業非常重視的能力，
在經濟學人雜誌的職場關鍵能力
調查中，最重要的關鍵能力是
問題解決能力，第2與第3關鍵能力
都與合作力有關，分別是
團隊合作（Team working）與
溝通（Communication），
另外，還有領導力（Leadership）
也是合作力的範疇，可見其重要性。

合作力培養的重要

這不是一個單打獨鬥可以生存的年代。世界的快速進步讓企業面臨非常大的挑戰，需要創新以因應持續變動的市場，優良企業能集結一群好伙伴激發創意、在各個面向展現創新能量，一個人是難以成就大事的。

Jason哥認識一位朋友，大學畢業後他到了美國史丹佛大學深造，老師要同學們4人1組合作解決問題，他和臺灣去的同學分在一組，但不會分工合作、也不會引導討論，花了幾週的時間都無法完成作業，後來只好把作業帶回去靠一己之力完成，結果當然是作業品質差其它組很多，1個人的腦袋無法贏過4個人的腦袋啊。

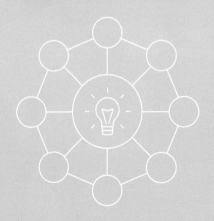

人是群體的動物，學校更是團體學習的場域。我們從小到大有許許多多同學，但我們的學習表現評量大多只看個人的考試成績，尤其是升學考試，完全只看個人表現。所謂「考試引導教學」，只以個人表現來評量學習成就，會減少合作學習的機會，也錯過學習溝通、表達、共創的機會。

教育現場還是該多多運用合作學習與探究學習，來增進同學的溝通、表達與共創能力，這些高層次思考能力是職場所需的重要關鍵能力，也是企業創新與發展的動力。

合作不只是在同部門的伙伴合作，也包括與企業各部門的合作，甚至是與企業外部公司的合作。具備合作力的人能瞭解彼此的想法，清楚說出自己的意見，基於誠信來共同創造機會，具有與人溝通、表達與共創的能力。企業如果擁有許多具備合作力的員工，就更能展現競爭力。

合作，
運轉世界的
重要能量！

合作力

培養合作力的方法

合作力著重於與人溝通、表達與共創的練習，是一項可以透過後天培養來增進的能力，多參與活動、多表達自己，其實人人都可以培養合作力、提高競爭力。

尊重團隊每位成員

一個團隊要發揮戰力，尊重團隊每位成員是第一步。缺少了基本尊重，就無法用心聆聽他人的意見，後續將難以有效溝通，團隊就無法產生合作力。要培養合作力，就是先把自己的心態調整好。

沒有人是完美的，每個人都有若干優點與缺點，如果可以學著包容團隊成員的缺點、欣賞團隊成員的優點，就可以建立合作的團隊氛圍。當合作氛圍被創造出來，每位成員都會盡力尋找可以幫助團隊的方法 – 大家集思廣益，所謂「3個臭皮匠勝過1個諸葛亮」，即使不是每個成員都很強，只要能發揮互補作用、相互尊重，仍有機會勝過成員個別能力都很強的團隊。

這種相互尊重、團結合作致使戰力變強的例子，常見於運動競賽的場合。一支球隊只要內訌總是會連敗，即使遇到戰力比較差的球隊也是會輸；相反地，如果一支球隊向心力與凝聚力高，隊友間彼此尊重信任，往往可以創下令人刮目相看的成績。

尊重彼此的差異、涵納彼此的觀點，合作力量大！

尊重團隊成員的個別差異、尊重團隊成員的隱私、尊重團隊成員的價值觀、尊重團隊成員的選擇、尊重團隊成員的喜好、尊重團隊成員的主張、尊重團隊成員的貢獻，尊重其實就是一種修養。

尊重別人就是尊重自己，打從心底尊重團隊的每位成員、尊重彼此的差異、包容缺點、欣賞優點，才有機會產生合作力。

每個人都不一樣，專長與個性
也有所不同，因此每個人參與團隊的方式
並不相同，但當我們組成一個團隊時，
積極參與的態度必須是相同的。

建立積極參與的態度

每個人在團隊中都有角色，認清自己在團隊中扮演的角色，然後積極參與、貢獻自己、努力讓團隊獲得成功。

我們知道每個人都不一樣，專長與個性也有所不同，因此每個人參與團隊的方式並不相同，但當我們組成一個團隊時，積極參與的態度必須是相同的。

Jason哥認識一位朋友，人緣不錯、姑且稱之為「甲君」。甲君參與了許多案子，但都不見他積極參與、全力以赴，大多是蜻蜓點水式的投入。這些案子最後有兩種結果，第一種是案子成功了，但沒人認為是他的功勞，因為他參與的程度很有限；第二種是案子失敗了，伙伴當然會指出甲君種種不是，認為都是因為他沒有盡力參與才導致失敗，甲君竟然變為頭號戰犯。

這個故事告訴我們，沒有積極參與團隊的任務，不管最後的結果如何，榮耀都不會到我們身上；反之，積極參與、貢獻己力，不管最後結果是成功或失敗，該我們的就是我們的。成功了就共享榮耀，失敗了就相擁而泣，豈不快哉。

有參與才有存在、有積極參與才有深刻的存在，也才能分擔壓力並共享榮耀的喜悅。建立只要參與就全力以赴、貢獻己能的態度，可讓我們扮演好成員角色，幫助團隊邁向成功。

合作力

全力以赴！無論成敗，
收穫都比蜻蜓點水式
的參與大得多

培養有效溝通的能力

溝通是一門藝術，聽得懂對方的意思、說得出自己的意思、對方聽得下去你的意思，這就是有效溝通。

不管是一對一溝通，或是多人團隊的溝通，我們都需要瞭解與掌握一些技巧，幫助進行有效溝通。

- 避免情緒性發言，清楚說出自己的想法、觀點和依據
- 鼓勵並瞭解伙伴所提出的觀點，並客觀回應自己的觀點
- 認真思考與相互提問，進行全面討論與探究，以掌握問題的各個面向
- 把重點放在增加彼此觀點的理解上，不必去證明自己的觀點是最好的
- 充分溝通，凝聚共識，設法共同找出問題的解決方案

最能阻礙有效溝通的是，在過程中參與者以自我為中心，無法接受對方的觀點；另外就是溝通過程多是單向訊息或命令傳遞，並不是雙向的互動過程；最後是溝通缺乏真誠、爾虞我詐，這樣的溝通是不會有任何效果的。

溝通是為了理解彼此的想法與觀點，然後一同朝著目標前進，所以過程中要多多鼓勵伙伴提出不同觀點，多一些尊重與包容，將有利於合作力的產生。

以自我為中心的單向訊息傳遞，缺乏真誠互動

多參與活動學習合作

1.
替代性學習是指學習者透過觀察他人的表現行為與得到的獎懲結果，不必經過親身經驗，所產生的一種學習過程，此種學習方式稱為替代性學習。

沒有人天生就會扮演各種合作角色，大多是靠一次又一次的經驗累積，學習團隊合作的技巧，練習與人溝通與表達的方式。我們在學生階段就應該多參與各類型的活動，並且在不同的活動中扮演各類型的角色，有時是團隊領導者，有時是團隊執行者，有時是團隊對外的公關，透過不同的角色扮演累積出我們的合作力。

Jason哥有一位學生，他在學生時代功課很好、鮮少參加其他活動，多數時間都是花在讀書，姑且稱之為「甲生」。甲生的升學考試都很順利，一路都是明星學校，大學畢業後進入職場，前幾年頂著頂尖大學畢業生的頭銜，前兩份工作也算不錯，很快升上了小主管，後來升到了中層主管。

甲生在進入職場十年後工作發生了變化，離開了服務多年的公司，他竟然花了一年都找不到適當的工作，在經濟壓力之下必須爭取鐘點工作。有一日，Jason哥與這位進入社會10年的學生聊天，發現他的想法過於自我、缺乏與人合作的經驗；聽他分享職場見聞，多數都是他在抱怨公司或是下屬不努力，卻鮮少用共創榮耀的角度在看待事情。

進入職場的我們還是能在活動過程爭取服務的機會，多擔任團隊中不同的角色，久而久之我們會掌握合作的技巧，也會增加與人的真實互動經驗－知道什麼樣性格的人是值得信任與長期交往的，而什麼樣性格的人是需要保持距離的。

這種對於人的觀察與經驗是十分可貴的，只有確實參與活動任務、擔負相關工作才能深刻體會與感受。雖然「替代性學習」有一定的效果，但是與人溝通、表達與共創的經驗很難遷移，還是自身的體會與觀察比較真切。

Jason哥曾經到過美國大峽谷天空步道(Grand Canyon Skywalk)，它是世界上第一個以空中玻璃搭建的懸掛式觀景走廊，以U字形結構構建於大峽谷的懸崖邊緣，其玻璃下方為深約1200公尺的科羅拉多河，Jason哥曾經趴在透明玻璃上，懸空1200公尺，好驚險啊！！！

經驗沒有替代性。各位讀者看到上段描述，大概能把圖像構建在腦海，但是那種驚險的感覺可能不容易感受，這就是經驗沒有替代性，即使我說得再詳細，只要沒有體驗過就很難有深刻的感受。

只有確實參與活動的各項任務，才能學習與人合作的能力，也才能深化與人溝通、表達與共創的學習。

Jason哥站在離地1200公尺高的大峽谷天空步道，感到驚險萬分

經驗沒有替代性，
只要沒有體驗過
就很難有深刻的感受。

合作力

進行多次培養合作力方法的練習後，可以讓我們有更好的溝通、表達與共創的能力

感受共享榮耀的快樂

當團隊完成共同目標時是令人喜悅的，這共享榮耀的時刻需要每一位團隊成員用心體會、用心感受，因為這不是一個人可以達成的目標，是一群伙伴共同努力的結果，功勞在每位伙伴的身上。

我們常說：「壓力因分擔而減少；榮耀因共享而增加。」團隊在追求目標的過程中總是會遇到許多挑戰，需要伙伴分工合作、突破困難。在努力的過程壓力總是如影隨形、無比巨大的，但當大家是一個團隊時，可以共同分擔巨大壓力、持續前進、直到目標到手。

壓力放在一個人心裡就像個悶燒鍋，很難釋放的。即使找了好友分享，也只能減緩壓力累積，但無法真正解決困境，因為好友並無法幫你達成目標。但如果與團隊伙伴一起面對、討論與行動，共同擬定對策解決問題、突破困境，則壓力會因為分擔而減少，而達成目標時共享榮耀的快樂會加倍！因為這條突破困境的道路，我們一起努力走過。

記住、珍惜共享榮耀的喜悅，體會感受這樣的快樂，讓此種感受成為合作的原動力，會讓我們在合作的過程能分擔責任。我們都有參加拔河比賽的經驗，目標只有一個，就是把對手拉過來，當大家的力量穩定匯聚在一起、同心協力、動作一致就有機會贏得勝利，共創榮耀的時刻。

進行多次培養合作力方法的練習後，可以讓我們有更好的溝通、表達與共創的能力，也能讓我們尊重團隊成員，以積極參與、有效溝通的作法多多參與活動，並感受共享榮耀的快樂。

只有確實參與活動的各項任務，才能學習與人合作的能力，也才能深化與人溝通、表達與共創的學習。

持續的相互鼓勵扶持

團隊在邁向目標的過程勢必會遇到困難，要跨過這些困難有時需花費很長的時間去調整磨合，才能夠逐步突破困境。

當團隊處於低潮期時，團隊成員之間難免會產生嫌隙，導致團隊合作力下滑、戰力無法發揮，此時如果不處理這種狀況，團隊分裂的狀況會越來越嚴重，甚至於整個團隊瓦解。

此時需要團隊成員坐下來討論，開誠布公考因應之道，不要流於個人意見之爭，而是真正找出問題關鍵，共思解決與處理問題的方法。

批評與謾罵無法解決問題，只有鼓勵與扶持能讓團隊度過難關，越是困難、越需相互鼓勵扶持。比方說一群人練習大隊接力去參加比賽，每一棒都有自己的責任距離，對於跑得慢的伙伴，我們要想辦法讓他在賽前多些練習、做好準備，而不是在比賽後批評他拖慢團隊速度。

對待伙伴的方法與態度對了，團隊的默契才會產生。持續的相互鼓勵扶持可以讓團隊維持良好的默契與續航力，不會在遇到困難或挑戰時就分崩離析，無法度過難關。

大隊接力，團隊成員要相互鼓勵扶持以培養默契

以團隊角色組成靠譜團隊

組織團隊的第一要務,是建立團隊成員有共同的價值與目標,大家以相同信念朝著共同目標努力,如此才能產生完整的力量。

面對不同的任務時,我們會組織不同類型的團隊。依據英國劍橋大學著名的馬里諦斯·貝爾賓(Meredith Belbin)博士與其團隊的研究指出,無論是哪種類型的團隊,其中的角色大概可以分成9種角色,當這9種角色都有很好的發揮時,整個團隊就會運作流暢,產生很高的效率,角色說明如下:

創新者 (Plant)
創新者的創造力強,善於提出新的創意與想法,具有原創力,可以提供團隊多元的看法

資源調查者 (Resource investigator)
資源調查者善於引進外部資源,與人和善,其性格是外向與熱情,人脈廣且交際手腕好

審議員 (Monitor evaluator)
審議員通常是相當冷靜與理性的,態度比較謹慎嚴肅,善於分析問題後提出觀點

協調者 (Co-ordinator)
協調者在團隊裡通常深受信任,能夠客觀面對問題,具有控制局面、協調團隊與凝聚團隊共識的能力

形塑者 (Shaper)
形塑者是充滿活力、領導團隊前進的人,其特質是勇於挑戰、充滿自信,對於成功有強烈的渴望

凝聚者 (Teamworker)
凝聚者的個性圓融、善於傾聽,並會關注與感受他人情緒,因此在團隊裡是相當受歡迎的角色,善於凝聚團隊精神

執行者 (Implementer)
執行者具有良好的自律能力,善於把事情化為具體步驟,然後務實執行,不會好高騖遠

完成者 (Completer finisher)
完成者會督導團隊行動是否依照計畫來進行,避免執行時有所疏漏,其態度是堅持仔細

專家 (Specialist)
專家的角色是提供團隊專業性知識的來源,專注於專業領域的探究,協助團隊面對特定的問題。

每一個角色未必是由一人擔任,每一人也可擔任多種角色。透過這9種角色去思考團隊的組成,讓團隊具備更好的多元性,每一種角色都有人擔任,以建構一個完整面向的靠譜團隊。

以證據來化解團隊爭議

團隊合作過程中爭議是無可避免的，如何以健康態度來處理爭議，是一件需要思考的事情。當發生爭議的時候，千萬不要淪為意氣之爭，應該要蒐集更多的資料來討論，以證據或事實為基礎辨認現象或原因，釐清問題的本質以找出解決方案。

在大前研一所提出的《思考的技術》一書中，鼓勵我們以科學的方法與態度來思考各種問題，包括了企業問題的解決、人生的生涯規劃、教育的思維...等。當我們想認清問題的表現和原因時，不要只去解決表現的問題，真正要做的是去克服原因、不倒果為因，並實際到現場去聽基層的聲音，不要只靠數據來做決策，用充分的證據去證明自己的假設、導出結論。切記不要把假設和結論混為一談，最後勇敢地去執行結論，其流程圖如圖所示。

此流程從用心觀察與實地瞭解問題開始，以證據為基礎，辨認出哪些是現象、哪些是原因，並且針對問題的原因提出假設，實地檢證假設，導出能做為解決對策的結論，最後去執行結論。

以證據為基礎，再次建構問題解決流程，化解團隊爭議。聚焦於具體的事例而非抽象的觀念，所有的討論回歸問題的本身、對事不對人，並避免以自我為中心來統整不同的觀點，將有利於化解團體中的爭議。

以證據為基礎的問題解決流程

Jason哥的
内心話

學習是為了學會考試的能力嗎？或者是要激發潛能，找到天賦所在，選一個喜歡且擅長的領域持續不斷地實踐！

面對大人機時代-大數據(Big Data)、人工智慧(Artificial Intelligence)與機器人(Robotics)-這三個重要的資訊科技技術正快速且全面的發展，用軟體與硬體整合的方式影響人類的未來。

我們的學習不應再用傳統的方式來進行，大量的反覆練習並無法培養出面對大人機時代的關鍵能力。

面對未來的關鍵能力

您有學習力嗎？
您有創新力嗎？
您有耐挫力嗎？
您有執行力嗎？
您有合作力嗎？

本書副標「比維他命C還重要的Life-C」，就是指出學習力(Learning ability)、創新力(Innovative ability)、耐挫力(Frustration tolerance)、執行力(Executive ability)與合作力(Cooperative ability)，是面對未來的關鍵能力。

這5大關鍵能力如果落實於工作或學習中，可以幫助我們面對快速變動的世界，不用擔心被大數據、人工智慧或機器人取代。

學習力
是自我學習新知的能力

創新力
是指用一種前所未有的方式
來創作並產生新價值的能力

耐挫力
是指忍受挫折的能力

執行力
是指完成設定目標的實作能力

合作力
是指與人溝通、表達與共創的能力

面對資訊快速流動與發展的大人機時代，最好的態度是用力擁抱它，抗拒是沒意義的。擁有學習力、創新力、耐挫力、執行力與合作力，機會就可能是你的，本書提供了培養Life-C關鍵能力的基本觀念與務實作法，期待能幫助想要增進面對未來關鍵能力的讀者。

瞭解多元智能，探索自我潛能

愛因斯坦曾說：「每個人都是天才，但如果用爬樹的能力來評斷魚的表現，魚永遠都會覺得自己很愚蠢。」瞭解每個人的天賦，尊重每個人的發展，是進步的社會價值。

每個人都有不同的多元智能，多元智能包括：語文智能、邏輯數學智能、空間智能、音樂智能、肢體動覺智能、人際智能、內省智能、自然觀察智能。

瞭解多元智能的面向，多多參與不同類型的活動，探索自我的潛能領域，然後找一個喜歡且擅長的領域，持續不斷地去做，就是成功！

跳脫傳統比較，定義自我人生

生命永遠不會重來，你我的生命絕不一樣！

每個人的人生都是「實驗組」，沒有「對照組」，我們無需與他人比較，每個人都不一樣，每個人的人生也都不一樣，寬廣地看待人生中的點點滴滴，跳脫比較，找出自己的人生定義，然後活出自己的人生定義。

我們可以藉由多多參與不同類型的活動，找出天賦，發展興趣，然後持續不斷地耕耘，以活出自己想要的人生。最後，祝福各位讀者都有健康、幸福、圓滿的人生，Enjoy Life ^_^